대한민국 법령 시리즈 337

음악산업진흥에 관한 법률

(약칭 : 음악산업법)

법령

시행령

시행규칙

해광출판사

머리말

이 책은 방대한 법전을 보지 않고 간편하게 해당되는 법령만 참고해서 볼 수 있도록 하였습니다. 공공기관이나 관련 종사자들이 쉽고 간편하게 해당 법령을 참조 할 수 있도록 하였습니다.

특히 해당법률은 물론 관련 시행령, 시행규칙을 함께 실어 관련법을 서로 참고할 수 있게 하였습니다.

법률이라는 것이 크든 작든 항상 변하는 관계로, 출간 이후의 정확하고 최신의 법률은 법제처 국가법령정보센터에서 확인이 가능하니 법률의 실제 적용 시 확인이 필요한 점 유의하기를 바랍니다.

편집부

* 수록 법률은 법제처 국가법령정보센터에서 확인 가능합니다.
* 발행일 기준 시행 법률이므로 최신 법령은 위 센터에서 볼 수 있습니다.
* 본 책자에 수록된 법률의 문구에 대하여 법적인 효력은 없으며,
  실제 적용 법률은 위 센터에서 최신의 법률로 확인하시기 바랍니다.
* 해당 법령과 함께 시행령, 시행규칙도 수록되어 있습니다.
* 발행일 기준으로 개정 예정 법률은 밑줄로 별도 표시되어 있으며,
  보다 정확한 것은 법제처에서 확인하기 바랍니다.

목차

음악산업진흥에 관한 법률 / 7

음악산업진흥에 관한 법률 시행령 / 43

음악산업진흥에 관한 법률 시행규칙 / 55

음악산업진흥에 관한 법률
(약칭 : 음악산업법)

[시행 2025. 6. 26.] [법률 제20839호, 2025. 3. 25., 일부개정]

제1장 총칙
제1조(목적)
제2조(정의)
제3조(음악산업진흥종합계획의 수립 · 시행 등)
제2장 음악산업의 진흥
제4조(창업 및 제작 등의 지원)
제5조(음악산업 자료의 관리 등)
제6조(전문인력의 양성)
제7조(기술개발의 추진)
제8조(협동개발 및 연구)
제9조(표준화 추진)
제10조(유통활성화)
제11조(노래연습장업자의 교육)
제12조(국제협력 및 해외진출 지원)
제13조(음악공연의 활성화)
제14조(지식재산권의 보호)
제15조(이용자의 권익보호 등)
제3장 영업의 신고 · 등록 및 음반등의 유통 등
제1절 영업의 신고 · 등록 · 운영 등
제16조(음반 · 음악영상물제작업 등의 신고)
제17조(음악영상물 등의 등급분류 등)
제18조(노래연습장업의 등록)
제19조(영업의 제한)
제20조(신고증 · 등록증의 교부)
제21조(신고 또는 등록사항의 변경)
제22조(노래연습장업자의 준수사항 등)
제23조(영업의 승계 등)
제24조(폐업 및 직권말소)

제2절 음반등의 유통 및 표시
제25조(표시의무)
제26조(음반등의 유통질서 확립 및 지원)
제3절 등록취소 등 행정조치
제27조(등록취소 등)
제28조(과징금 부과)
제29조(영업소폐쇄 및 음반등의 수거 · 폐기)
제30조(청문)
제4장 보칙
제31조(수수료)
제32조(권한의 위임 · 위탁)
제33조(벌칙 적용에서의 공무원 의제)
제5장 벌칙
제34조(벌칙)
제35조(양벌규정)
제36조(과태료)

**개정 예정 법률 밑줄 별도 표시.

음악산업진흥에 관한 법률
(약칭 : 음악산업법)

[시행 2025. 6. 26.] [법률 제20839호, 2025. 3. 25., 일부개정]

제1장 총칙

제1조(목적) 이 법은 음악산업의 진흥에 필요한 사항을 정하여 관련 산업의 발전을 촉진함으로써 국민의 문화적 삶의 질을 높이고 국민경제의 발전에 이바지함을 목적으로 한다.

제2조(정의) 이 법에서 사용하는 용어의 정의는 다음과 같다. 〈개정 2010. 6. 10., 2019. 12. 3., 2023. 8. 8., 2023. 10. 31.〉

1. "음악"이라 함은 소리를 소재로 박자 · 선율 · 화성 · 음색 등을 일정한 법칙과 형식으로 종합하여 사상과 감정을 나타낸 것을 말한다.

2. "음악산업"이라 함은 음악의 창작 · 공연 · 교육, 음반 · 음악파일 · 음악영상물 · 음악영상파일의 제작 · 유통 · 수출 · 수입, 악기 · 음향기기 제조 및 노래연습장업 등과 이와 관련된 산업을 말한다.

3. "음원"이라 함은 음 또는 음의 표현으로서 유형물에 고정시킬 수 있거나 전자적 형태로 수록할 수 있는 것을 말한다.

4. "음반"이라 함은 음원이 유형물에 고정되어 재생하여 들을 수 있도록 제작된 것을 말한다.

5. “음악파일”이라 함은 음원이 복제 · 전송 · 송신 · 수신될 수 있도록 전자적 형태로 제작되거나 전자적 기기에 수록된 것을 말한다.

6. “음악영상물”이라 함은 음원의 내용을 표현하기 위하여 해당 음원에 영상이 포함되어 제작된 것을 말하며 음악의 실연(實演)에 대한 영상물을 포함한다.

7. “음악영상파일”이라 함은 음악영상물이 복제 · 전송 · 송신 · 수신될 수 있도록 전자적 형태로 제작되거나 전자적 기기에 수록된 것을 말한다.

8. “음반 · 음악영상물제작업”이라 함은 음반, 음악파일, 음악영상물, 음악영상파일(이하 “음반등”이라 한다)을 기획제작하거나 복제제작하는 영업을 말한다.

9. “음반 · 음악영상물배급업”이라 함은 음반 등을 수입(원판수입을 포함한다)하거나 그 저작권을 소유 · 관리하여 음반 · 음악영상물판매업자 또는 온라인음악서비스제공업자에게 공급하는 영업을 말한다.

10. “음반 · 음악영상물판매업”이라 함은 음반 및 음악영상물을 소비자에게 직접 판매하는 영업을 말한다.

11. “온라인음악서비스제공업”이라 함은 「정보통신망 이용촉진 및 정보보호 등에 관한 법률」 제2조제1항제1호의 규정에 따른 정보통신망을 이용하여 음악파일 · 음악영상파일을 소비자의 이용에 제공하는 영업을 말한다.

12. “식별표시”라 함은 음반등의 유통통계 · 검색 · 검증 등에 활용하기 위하여 「콘텐츠산업 진흥법」 제23조에 따라 문화체육관광부장관이 음반 등에 부여한 식별번호 · 기호 등을 말한다.

13. "노래연습장업"이라 함은 연주자를 두지 아니하고 반주에 맞추어 노래를 부를 수 있도록 하는 영상 또는 무영상 반주장치 등의 시설을 갖추고 공중의 이용에 제공하는 영업을 말한다.

14. "청소년"이란 「청소년 보호법」 제2조제1호에 따른 청소년을 말한다.

제3조(음악산업진흥종합계획의 수립·시행 등) ①문화체육관광부장관은 음악산업의 진흥을 위하여 필요한 종합적인 계획(이하 "종합계획"이라 한다)을 수립·시행하여야 한다. 이 경우 필요한 때에는 관계중앙행정기관의 장과 협의할 수 있다. 〈개정 2008. 2. 29.〉

②종합계획에는 다음 각 호의 사항이 포함되어야 한다.

1. 중장기 기본계획의 수립에 관한 사항 및 법령·제도의 개선에 관한 사항

2. 창작활동 활성화에 관한 사항

3. 수출촉진과 고용창출에 관한 사항

4. 기술의 개발 및 보급에 관한 사항

5. 유통의 전문화 및 유통구조의 개선에 관한 사항

6. 창업지원 등 산업육성에 관한 사항

7. 전문인력의 양성에 관한 사항

8. 인프라 구축에 관한 사항

9. 국제협력에 관한 사항

10. 위법하게 제작되거나 판매·배포(이하 "유통"이라 한다) 또는 이용에 제공되는 음반등의 지도·단속에 관한 사항

11. 위법하게 제작·유통 또는 이용에 제공되는 음반등에 대한

「비영리민간단체 지원법」 제2조의 규정에 따른 비영리민간단체(이하 "비영리민간단체"라 한다)의 자율감시활동의 지원에 관한 사항

12. 그 밖에 관련 업소의 건전한 발전 및 육성에 관한 사항

③문화체육관광부장관은 제1항 및 제2항의 종합계획에 따라 세부 시행계획을 수립·시행하여야 한다. 이 경우 필요한 사항은 대통령령으로 정한다. 〈개정 2008. 2. 29.〉

제2장 음악산업의 진흥

제4조(창업 및 제작 등의 지원) ①문화체육관광부장관은 음악산업에 관한 창업을 활성화하고 창업자의 안정적인 성장·발전을 위하여 필요한 지원을 할 수 있다. 〈개정 2008. 2. 29.〉

②문화체육관광부장관은 음악산업의 경쟁력을 강화하고 우수 음악상품의 개발을 촉진하기 위하여 음악창작자 및 음반·음악영상물제작자에게 필요한 재원의 전부 또는 일부를 융자하거나 그 밖의 지원을 할 수 있다. 〈개정 2008. 2. 29.〉

③제1항 및 제2항의 규정에 따른 지원절차 등에 관하여 필요한 사항은 대통령령으로 정한다.

제5조(음악산업 자료의 관리 등) ①문화체육관광부장관은 음악산업의 진흥을 위하여 음반등의 관련 자료, 음악산업의 기술수준·연구동향·시장동향 및 사업자현황 등 국내외 음악산업 전반에 관한 자료·정보 및 통계 등을 수집·조사·보존·제공하여야 한다. 이를 위하여 관련 기관·단체에 자료의 제출 등 필요한 조치를 할 수 있으며, 자료 등의 제출을 요구받은 관련 기관·단체는 정당한 사유가 없으면

이에 적극 협조하여야 한다. <개정 2008. 2. 29., 2023. 8. 8.>

②문화체육관광부장관은 제1항의 업무를 추진하기 위하여 음악산업 관련 자료 및 정보를 전문적으로 관리하는 기관을 지정 또는 설립·운영할 수 있다. <개정 2008. 2. 29.>

③제1항 및 제2항의 규정에 따른 사항을 추진하기 위하여 필요한 사항은 대통령령으로 정한다.

제6조(전문인력의 양성) ①문화체육관광부장관은 음악산업의 기반조성에 필요한 전문인력의 양성을 위하여 다음 각 호의 시책을 강구하여야 한다. <개정 2008. 2. 29.>

1. 음악산업 인력수급의 균형 및 우수 전문인력 확보
2. 산·학·관의 협력기능 강화
3. 전문인력의 연수·해외교류 기회 확대
4. 학계의 연구기반 및 교육역량 강화
5. 전문인력의 관련업계 진출기회 확대
6. 그 밖에 음악산업 인력의 양성에 관한 사항

②제1항의 규정에 따른 사항을 추진하기 위하여 필요한 사항은 대통령령으로 정한다.

제7조(기술개발의 추진) 문화체육관광부장관은 음악 관련 기술개발을 위한 중장기 기본계획을 수립하고 음악산업의 기반조성에 필요한 기술개발과 기술수준의 향상을 위하여 다음 각 호의 사항을 추진하여야 한다. <개정 2008. 2. 29.>

1. 기술동향 및 수요조사, 기술의 연구개발·평가·활용에 관한 사항

2. 기술협력·지도와 이전 및 기술정보의 원활한 유통에 관한 사항

3. 음악기술 관련 기관의 연계 및 효율적인 기술개발환경 조성에 관한 사항

4. 그 밖에 음악기술개발과 관련하여 문화체육관광부령으로 정하는 사항

제8조(협동개발 및 연구) ①문화체육관광부장관은 음반등의 개발·연구를 위하여 인력·시설·기자재·자금 및 정보 등의 공동 활용을 통한 협동개발과 연구를 촉진시킬 수 있도록 노력하여야 한다. 〈개정 2008. 2. 29.〉

②문화체육관광부장관은 제1항의 규정에 따른 협동개발과 연구를 추진하는 자에 대하여 그 소요되는 경비의 전부 또는 일부를 지원할 수 있다. 〈개정 2008. 2. 29.〉

제9조(표준화 추진) ①문화체육관광부장관은 음반등의 효율적인 개발·품질향상 및 범용성 확보 등을 위하여 음반등의 표준화를 추진하며, 표준화의 범위 등에 관하여 필요한 사항을 문화체육관광부령으로 정하여 이를 권고할 수 있다. 〈개정 2008. 2. 29.〉

②문화체육관광부장관은 제1항의 규정에 따른 표준화사업을 추진하기 위하여 필요한 경우에는 음악산업에 관한 전문기관 및 단체를 지정하여 표준화사업을 실시하도록 하고, 해당 기관 또는 단체에 표준화사업을 위한 비용의 전부 또는 일부를 지원할 수 있다. 〈개정 2008. 2. 29., 2019. 12. 3.〉

제10조(유통활성화) 문화체육관광부장관은 음반등의 유통을 건전화하기 위하여 음반등에 식별표시를 붙이도록 하고 이에 필요한 시책

을 수립·시행하여야 한다. 〈개정 2008. 2. 29., 2023. 8. 8.〉

제11조(노래연습장업자의 교육) ①특별자치시장·특별자치도지사·시장·군수·구청장(구청장은 자치구의 구청장을 말하며, 이하 "시장·군수·구청장"이라 한다)은 다음 각 호의 경우에는 특별자치시·특별자치도·시·군·구의 조례로 정하는 바에 따라 노래연습장업자에 대하여 준수사항, 재난예방, 제도변경사항 등에 관한 교육을 실시할 수 있다. 〈개정 2018. 2. 21., 2020. 2. 18.〉

1. 노래연습장업을 신규등록하는 경우
2. 노래연습장업의 운영 및 재난방지방법 등 관련 제도가 변경된 경우
3. 그 밖에 시장·군수·구청장이 필요하다고 인정하는 경우

②시장·군수·구청장은 제1항의 규정에도 불구하고 제1항제1호의 경우에는 노래연습장업자에 대한 교육을 실시하여야 한다. 이 경우 교육은 월별 또는 분기별로 통합하여 실시할 수 있다. 〈개정 2018. 2. 21., 2020. 2. 18., 2023. 8. 8.〉

제12조(국제협력 및 해외진출 지원) ①문화체육관광부장관은 음악산업의 국제협력 및 교류 활성화와 국제적 위상을 강화하기 위한 기반을 조성하여야 한다. 〈개정 2008. 2. 29.〉

②문화체육관광부장관은 음악공연 및 음반등의 해외시장 진출을 활성화하기 위하여 외국과의 공동제작, 해외마케팅·홍보활동 지원, 외국인의 투자유치, 국제음반전시회 개최 등 수출 관련 협력체계의 구축에 관한 사업을 지원할 수 있다. 〈개정 2008. 2. 29., 2020. 12. 22.〉

③문화체육관광부장관은 제1항 및 제2항의 규정에 따른 사항을 효율적으로 추진하기 위하여 현지에 사무소를 설치·운영할 수 있다. 〈개정 2008. 2. 29.〉

제13조(음악공연의 활성화) 문화체육관광부장관은 음악공연의 활성화를 위하여 공연시설의 설치·운영 및 공연을 주관하는 자에 대하여 소요되는 자금의 일부를 지원할 수 있다. 〈개정 2008. 2. 29.〉

제14조(지식재산권의 보호) ①문화체육관광부장관은 음반등의 창작활동을 보호하고 육성하기 위하여 음반등의 지식재산권 보호시책을 강구하여야 한다. 〈개정 2008. 2. 29., 2011. 5. 19., 2023. 8. 8.〉

②문화체육관광부장관은 음반등의 불법복제·유통 등을 방지하기 위하여 다음 각 호의 사항을 지원할 수 있다. 〈개정 2008. 2. 29., 2011. 5. 19.〉

1. 음반등의 기술적 보호조치 및 권리관리 정보의 부착
2. 음반등의 분야의 저작권 등 지식재산권 관련 교육 및 홍보
3. 그 밖에 지식재산권 보호와 관련된 사항

③문화체육관광부장관은 제2항의 규정에 따른 사항을 추진하기 위하여 대통령령으로 정하는 바에 따라 관련 전문기관 또는 단체를 지정하여 위탁할 수 있다. 〈개정 2008. 2. 29., 2023. 8. 8.〉

④ 문화체육관광부장관은 음반등의 지식재산권을 보호하기 위하여 필요한 경우 관련 제도의 개선 및 운영합리화 등에 관하여 관계 중앙행정기관의 장에게 협조를 요청할 수 있다. 〈신설 2018. 2. 21.〉

[제목개정 2011. 5. 19.]

제15조(이용자의 권익보호 등) ①문화체육관광부장관은 음악산업을 진흥할 때 이용자의 권익보호를 위하여 다음 각 호의 시책을 강구하여야 한다. 〈개정 2008. 2. 29., 2023. 8. 8.〉

1. 건전한 음반등의 이용을 위한 홍보 및 교육
2. 음반등의 이용자 보호를 위한 음악산업 관련자들의 사회적 책임
3. 음반등의 이용자의 불만 및 피해에 대한 구제조치
4. 그 밖에 음반등의 이용자의 보호와 관련된 사항

②음반등의 제작·유통 또는 이용에 제공하는 업에 종사하는 자는 제1항의 규정에 따른 음반등의 이용자의 보호시책 추진에 적극 협력하여야 한다.

제3장 영업의 신고·등록 및 음반등의 유통 등

제1절 영업의 신고·등록·운영 등

제16조(음반·음악영상물제작업 등의 신고) ①음반·음악영상물제작업 또는 음반·음악영상물배급업을 영위하고자 하는 자는 시장·군수·구청장에게 신고하여야 한다. 다만, 다음 각 호의 어느 하나에 해당하는 경우에는 신고하지 아니하고 이를 할 수 있다. 〈개정 2009. 3. 18., 2018. 2. 21., 2020. 2. 18., 2023. 8. 8.〉

1. 국가 또는 지방자치단체가 제작하는 경우
2. 법령에 따라 설립된 교육기관 또는 연수기관이 자체교육 또는 연수의 목적으로 사용하기 위하여 제작하는 경우
3. 「방송법」에 따른 방송사업자가 방송의 목적에 사용하기 위하여 제작하는 경우

4. 「공공기관의 운영에 관한 법률」에 따른 공공기관이 그 사업의 홍보에 사용하기 위하여 제작하는 경우

5. 관혼상제 또는 종교의식 등의 행사를 기념하기 위한 목적으로 제작하는 경우. 다만, 공중에게 유통하거나 시청 또는 이용에 제공하는 경우는 제외한다.

6. 그 밖에 대통령령으로 정하는 경우

②온라인음악서비스제공업을 영위하고자 하는 자는 시장·군수·구청장에게 신고하여야 한다. 다만, 대통령령으로 정하는 온라인음악서비스제공업의 경우에는 그러하지 아니하다. 〈개정 2018. 2. 21., 2020. 2. 18.〉

③ 삭제 〈2025. 3. 25.〉

④ 삭제 〈2025. 3. 25.〉

⑤제1항에 따라 신고한 음악영상물·음악영상파일제작업자와 음악영상물·음악영상파일배급업자는 「영화 및 비디오물의 진흥에 관한 법률」 제57조의 규정에 따른 비디오물제작업 또는 비디오물배급업의 신고를 한 것으로 본다. 〈개정 2018. 12. 24.〉

⑥제1항 및 제2항에 따른 신고의 절차·방법 및 운영 등에 관하여 필요한 사항은 문화체육관광부령으로 정한다. 〈개정 2008. 2. 29., 2018. 12. 24., 2025. 3. 25.〉

제17조(음악영상물 등의 등급분류 등) ①음악영상물과 음악영상파일을 제작 또는 배급(수입을 포함한다)하는 자는 해당 음악영상물과 음악영상파일을 공급하기 전에 그 내용에 관하여 「영화 및 비디오물의 진흥에 관한 법률」 제71조의 규정에 따른 영상물등급위원회로부

터 등급분류를 받아야 한다. 〈개정 2019. 12. 3.〉

②음악영상물·음악영상파일의 등급분류 및 판매(온라인음악서비스제공업자의 서비스제공행위를 포함한다)와 관련하여 「영화 및 비디오물의 진흥에 관한 법률」 제50조·제50조의2부터 제50조의8까지·제51조부터 제56조까지·제65조·제66조·제95조제5호부터 제7호까지·제97조·제98조제1항제3호의2·제4호부터 제6호까지·제98조제2항제9호 및 제99조의 규정을 준용한다. 이 경우 "비디오물"을 "음악영상물·음악영상파일"로, "온라인비디오물"을 "음악영상파일"로 본다. 〈개정 2015. 5. 18., 2022. 9. 27., 2023. 8. 8.〉

제18조(노래연습장업의 등록) ①노래연습장업을 영위하고자 하는 자는 문화체육관광부령으로 정하는 노래연습장 시설을 갖추어 시장·군수·구청장에게 등록하여야 한다. 〈개정 2008. 2. 29., 2018. 2. 21., 2020. 2. 18.〉

②제1항의 규정에 따른 등록의 절차·방법 및 운영 등에 관하여 필요한 사항은 문화체육관광부령으로 정한다. 〈개정 2008. 2. 29.〉

제19조(영업의 제한) 제16조 및 제18조에 따라 신고 또는 등록하고자 하는 자가 다음 각 호의 어느 하나에 해당하는 때에는 제16조 및 제18조의 규정에 따른 신고 또는 등록을 할 수 없다. 〈개정 2023. 8. 8.〉

1. 제27조제1항의 규정에 따라 영업의 폐쇄명령 또는 등록의 취소처분을 받은 후 1년이 지나지 아니하거나 영업정지처분을 받은 후 그 기간이 종료되지 아니한 자(법인의 경우에는 그 대표자 또는 임원을 포함한다)가 같은 업종을 다시 영위하고자 하는 때

2. 노래연습장업자가 제27조제1항의 규정에 따라 영업의 폐쇄명령 또는 등록의 취소처분을 받은 후 1년이 지나지 아니하거나 영업정지처분을 받은 후 그 기간이 종료되지 아니한 경우에 같은 장소에서 같은 업종을 다시 영위하고자 하는 때

제20조(신고증ㆍ등록증의 교부) 시장ㆍ군수ㆍ구청장은 제16조에 따른 신고를 받은 경우 또는 제18조에 따라 등록을 한 경우에는 문화체육관광부령으로 정하는 바에 따라 신청인에게 신고증 또는 등록증을 교부하여야 한다. 〈개정 2008. 2. 29., 2018. 12. 24., 2020. 2. 18., 2023. 8. 8., 2025. 3. 25.〉

제21조(신고 또는 등록사항의 변경) ①제16조 및 제18조에 따라 신고 또는 등록을 한 자가 문화체육관광부령으로 정하는 중요사항을 변경하고자 하는 경우에는 문화체육관광부령으로 정하는 바에 따라 시장ㆍ군수ㆍ구청장에게 변경신고 또는 변경등록을 하여야 한다. 〈개정 2008. 2. 29., 2018. 12. 24., 2020. 2. 18., 2023. 8. 8.〉

② 삭제 〈2025. 3. 25.〉

③ 삭제 〈2025. 3. 25.〉

④시장ㆍ군수ㆍ구청장은 제1항에 따른 변경신고를 받은 경우 또는 변경등록을 한 경우에는 문화체육관광부령으로 정하는 바에 따라 신고증 또는 등록증을 갱신하여 교부하여야 한다. 〈개정 2008. 2. 29., 2018. 12. 24., 2020. 2. 18., 2023. 8. 8., 2025. 3. 25.〉

제22조(노래연습장업자의 준수사항 등) ①노래연습장업자는 다음 각 호의 사항을 지켜야 한다. 〈개정 2019. 12. 3., 2023. 8. 8.〉

1. 영업소 안에 화재 또는 안전사고 예방을 위한 조치를 할 것

2. 해당 영업장소에 대통령령으로 정하는 출입시간외에 청소년이 출입하지 아니하도록 할 것. 다만, 부모 등 보호자를 동반하거나 그의 출입동의서를 받은 경우 그 밖에 대통령령으로 정하는 경우에는 그러하지 아니하다.

3. 주류를 판매·제공하지 아니할 것

4. 접대부(남녀를 불문한다)를 고용·알선하거나 호객행위를 하지 아니할 것

5. 「성매매알선 등 행위의 처벌에 관한 법률」 제2조제1항의 규정에 따른 성매매 등의 행위를 하게 하거나 이를 알선·제공하는 행위를 하지 아니할 것

6. 건전한 영업질서의 유지 등에 관하여 대통령령으로 정하는 사항을 준수할 것

② 노래연습장업자는 제1항제2호 또는 제6호의 사항을 준수하기 위하여 필요한 경우 출입자에게 주민등록증(모바일 주민등록증을 포함한다) 또는 그 밖의 나이를 확인할 수 있는 증표의 제시를 요구할 수 있으며, 정당한 사유 없이 증표를 제시하지 아니하는 사람의 입장을 제한할 수 있다. 〈신설 2024. 10. 22.〉

③누구든지 영리를 목적으로 노래연습장에서 손님과 함께 술을 마시거나 노래 또는 춤으로 손님의 유흥을 돋우는 접객행위를 하거나 타인에게 그 행위를 알선하여서는 아니 된다. 〈개정 2024. 10. 22.〉

제23조(영업의 승계 등) ① 제16조 또는 제18조에 따라 신고 또는 등록을 한 영업자가 그 영업을 양도하려고 하거나 다른 법인과 합

병하려는 경우에는 문화체육관광부령으로 정하는 바에 따라 시장·군수·구청장에게 신고하여야 한다. 〈개정 2020. 2. 18.〉

② 다음 각 호의 어느 하나에 해당하는 절차에 따라 영업자의 시설·기구(대통령령으로 정하는 주요시설·기구를 말한다. 이하 같다)의 전부를 인수한 자는 문화체육관광부령으로 정하는 바에 따라 시장·군수·구청장에게 신고하여야 한다. 〈개정 2020. 2. 18.〉

1. 「민사집행법」에 따른 경매

2. 「채무자 회생 및 파산에 관한 법률」에 따른 환가

3. 「국세징수법」, 「관세법」 또는 「지방세징수법」에 따른 압류재산의 매각

4. 그 밖에 제1호부터 제3호까지의 규정에 준하는 절차

③ 영업자가 사망한 경우 상속인이 음반·음악영상물제작업, 음반·음악영상물배급업, 온라인음악서비스제공업 또는 노래연습장업을 계속하려면 피상속인이 사망한 날부터 30일 이내에 문화체육관광부령으로 정하는 바에 따라 시장·군수·구청장에게 신고하여야 한다. 〈개정 2020. 2. 18.〉

④ 시장·군수·구청장은 제18조에 따라 등록을 한 노래연습장업에 관하여 제1항부터 제3항까지의 규정에 따른 신고를 받은 날부터 7일 이내에 신고수리 여부를 신고인에게 통지하여야 한다. 〈개정 2020. 2. 18., 2025. 3. 25.〉

⑤ 시장·군수·구청장이 제4항에서 정한 기간 내에 신고수리 여부 또는 민원처리 관련 법령에 따른 처리기간의 연장을 신고인에게 통지하지 아니하면 그 기간(민원 처리 관련 법령에 따라 처리기간이

연장 또는 재연장된 경우에는 해당 처리기간을 말한다)이 끝난 날의 다음 날에 신고를 수리한 것으로 본다. 〈개정 2020. 2. 18.〉

⑥ 시장·군수·구청장이 제1항 또는 제2항에 따른 음반·음악영상물제작업자, 음반·음악영상물배급업자 또는 온라인음악서비스제공업자의 신고를 받거나 노래연습장업자의 신고를 수리한 경우(제5항에 따라 신고를 수리한 것으로 보는 경우를 포함한다)에 양수인, 합병으로 설립되거나 합병 후 존속하는 법인 또는 영업자의 시설·기구의 전부를 인수한 자는 그 양수일, 합병일 또는 인수일부터 종전의 영업자의 지위를 승계한다. 〈개정 2025. 3. 25.〉

⑦ 시장·군수·구청장이 제3항에 따른 음반·음악영상물제작업자, 음반·음악영상물배급업자 또는 온라인음악서비스제공업자의 신고를 받거나 노래연습장업자의 신고를 수리한 경우(제5항에 따라 신고를 수리한 것으로 보는 경우를 포함한다)에 상속인은 피상속인의 영업자로서의 지위를 승계하며, 피상속인이 사망한 날부터 시장·군수·구청장이 음반·음악영상물제작업자, 음반·음악영상물배급업자 또는 온라인음악서비스제공업자의 신고를 받거나 노래연습장업자의 신고를 수리한 날(제5항에 따라 신고를 수리한 것으로 보는 날을 포함한다)까지의 기간 동안은 피상속인에 대한 음반·음악영상물제작업, 음반·음악영상물배급업, 온라인음악서비스제공업 또는 노래연습장업의 등록 또는 신고를 상속인에 대한 음반·음악영상물제작업, 음반·음악영상물배급업, 온라인음악서비스제공업 또는 노래연습장업의 등록 또는 신고로 본다. 〈개정 2025. 3. 25.〉

⑧ 제1항부터 제7항까지의 규정에 따라 영업자의 지위를 승계하

는 경우 종전의 영업자에게 제27조제1항 각 호의 위반을 사유로 행한 행정제재처분의 효과는 그 행정제재처분일부터 1년간 영업자의 지위를 승계 받은 자에게 승계되며, 행정제재처분의 절차가 진행 중인 때에는 영업자의 지위를 승계 받은 자에게 행정제재처분의 절차를 속행할 수 있다. 다만, 영업자의 지위를 승계 받은 자가 승계 시에 그 처분 또는 위반사실을 알지 못한 경우에는 행정제재처분의 절차를 속행할 수 없다.

⑨ 영업자가 그 영업을 폐지한 후에 종전의 영업자, 그 배우자 또는 직계혈족(이하 "친족등"이라 한다)이 그 영업장소에서 같은 업종을 영위하는 때에는 종전의 영업자에게 제27조제1항 각 호의 위반사유로 행한 행정제재처분의 효과는 그 행정제재처분일부터 1년간 친족등에게 승계되며, 행정제재처분의 절차가 진행 중인 때에는 친족등에 대하여 행정제재처분의 절차를 속행할 수 있다. 다만, 친족등이 그 영업을 영위하는 때에 그 처분 또는 위반사실을 알지 못한 경우에는 행정제재처분의 절차를 속행할 수 없다.

[전문개정 2018. 12. 24.]

제24조(폐업 및 직권말소) ①제16조 또는 제18조의 규정에 따라 신고 또는 등록을 한 자가 영업을 폐지한 때에는 폐지한 날부터 30일 이내에 문화체육관광부령으로 정하는 바에 따라 관할 시장·군수·구청장에게 폐업신고를 하여야 한다. 〈개정 2008. 2. 29., 2020. 2. 18., 2023. 8. 8., 2025. 4. 8.〉

②시장·군수·구청장은 제1항의 규정에 따라 폐업신고를 하지 아니하는 자에 대하여는 문화체육관광부령으로 정하는 바에 따라 폐업

한 사실을 확인한 후 신고 또는 등록 사항을 직권으로 말소할 수 있다. 〈개정 2008. 2. 29., 2020. 2. 18., 2023. 8. 8.〉

제2절 음반등의 유통 및 표시

제25조(표시의무) ①영리의 목적으로 음반등을 제작 또는 수입하거나 이를 복제하는 자는 해당 음반등마다 제작 또는 수입하거나 이를 복제한 자의 상호(도서와 함께 제공되는 음반등의 경우에는 출판사의 상호를 말한다) 등을 표시하여야 한다. 〈개정 2019. 12. 3., 2023. 8. 8.〉

②제1항의 규정에 따라 표시하여야 할 사항 및 표시방법 등에 관하여 필요한 사항은 대통령령으로 정한다.

제26조(음반등의 유통질서 확립 및 지원) ① 제2조제8호부터 제11호까지의 규정에 따른 영업을 영위하는 자 또는 음반등의 「저작권법」에 따른 저작자 및 저작인접권자(이하 "음반ㆍ음악영상물관련업자등"이라 한다)는 다음 각 호의 행위를 하여서는 아니 된다.

1. 음반ㆍ음악영상물관련업자등이 제작ㆍ수입 또는 유통하는 음반등의 판매량을 올릴 목적으로 해당 음반등을 부당하게 구입하거나 관련된 자로 하여금 부당하게 구입하게 하는 행위

2. 음반ㆍ음악영상물관련업자등이 제1호의 행위를 하는 사실을 알면서도 해당 음반등의 판매량을 공개적으로 발표하는 행위

3. 그 밖에 음반등의 건전한 유통질서를 방해하는 행위로 문화체육관광부령으로 정하는 사항

② 문화체육관광부장관은 음반등의 건전한 유통문화를 조성하기 위

하여 관련 기관·단체 또는 개인에게 필요한 경비를 지원할 수 있다.

③ 문화체육관광부장관 또는 특별시장·광역시장·특별자치시장·도지사·특별자치도지사(이하 "시·도지사"라 한다)는 음반등의 건전한 유통질서를 확립하기 위하여 필요하다고 인정하면 음반·음악영상물관련업자등에 대하여 다음 각 호의 조치를 할 수 있다. 〈개정 2020. 2. 18.〉

1. 업무에 관한 보고명령
2. 관계 자료의 제출명령
3. 음반등의 판매집계 제외명령
4. 그 밖에 음반등의 건전한 유통질서를 확립하기 위하여 필요한 조치로서 대통령령으로 정하는 조치

[전문개정 2016. 3. 22.]

제3절 등록취소 등 행정조치

제27조(등록취소 등) ①시장·군수·구청장은 제2조제8호부터 제11호까지 및 제13호의 규정에 따른 영업을 영위하는 자가 다음 각 호의 어느 하나에 해당하는 때에는 그 영업의 폐쇄명령, 등록의 취소처분, 6개월 이내의 영업정지명령, 시정조치 또는 경고조치를 할 수 있다. 다만, 제1호 또는 제2호에 해당하는 때에는 영업을 폐쇄하거나 등록을 취소하여야 하고, 제5호에 해당하는 경우로서 제22조제1항제2호 또는 제6호에 따른 준수사항 위반 중 청소년의 신분증 위조·변조 또는 도용으로 노래연습장업자가 청소년인 사실을 알지 못하였거나 폭행 또는 협박으로 노래연습장업자에게 청소년임을 확인

하지 못한 사정이 있다고 인정되는 때에는 문화체육관광부령으로 정하는 바에 따라 해당 행정처분을 면제할 수 있다. 〈개정 2020. 2. 18., 2022. 9. 27., 2023. 8. 8.〉

1. 거짓이나 그 밖의 부정한 방법으로 신고 또는 등록을 한 때

2. 영업의 정지명령을 위반하여 영업을 계속한 때

3. 제18조의 규정에 따른 시설기준을 위반한 때

4. 제21조의 규정에 따른 변경신고 또는 변경등록을 하지 아니한 때

5. 제22조의 규정에 따른 노래연습장업자 준수사항을 위반한 때

6. 제29조제3항에 해당하는 음반등을 제작·유통 또는 이용에 제공하거나 이를 위하여 진열·보관 또는 전시한 때

②제1항의 규정에 따라 영업의 폐쇄명령 또는 등록의 취소처분을 받은 자는 그 처분의 통지를 받은 날부터 7일 이내에 신고증 또는 등록증을 반납하여야 한다.

③제1항의 규정에 따른 행정처분의 기준 등에 관하여 필요한 사항은 문화체육관광부령으로 정한다. 〈개정 2008. 2. 29.〉

제28조(과징금 부과) ①시장·군수·구청장은 노래연습장업자가 다음 각 호의 어느 하나에 해당하여 영업정지처분을 하여야 하는 때에는 대통령령으로 정하는 바에 따라 그 영업정지처분을 갈음하여 3천만원 이하의 과징금을 부과할 수 있다. 이 경우 시장·군수·구청장은 과징금의 부과·징수에 관한 사항을 기록·관리하여야 한다. 〈개정 2018. 2. 21., 2020. 2. 18., 2023. 8. 8.〉

1. 제18조의 규정에 따른 시설기준을 갖추지 못한 때

2. 제22조제1항제2호 또는 제6호의 규정을 위반한 때

②시장 · 군수 · 구청장은 제1항의 규정에 따라 과징금으로 징수한 금액에 상당하는 금액을 다음 각 호의 용도에 사용하여야 하며 매년 다음 연도의 과징금 운용계획을 수립 · 시행하여야 한다. 〈개정 2018. 2. 21., 2020. 2. 18.〉

1. 노래연습장업의 건전한 운영

2. 노래연습장업자의 교육 및 자율지도

③시장 · 군수 · 구청장은 제1항의 규정에 따른 과징금을 납부하여야 할 자가 납부기한까지 이를 납부하지 아니하는 때에는 「지방행정제재 · 부과금의 징수 등에 관한 법률」에 따라 징수한다. 〈개정 2013. 8. 6., 2018. 2. 21., 2020. 2. 18., 2020. 3. 24.〉

④제1항의 규정에 따라 과징금을 부과하는 위반행위의 종별 · 정도 등에 따른 과징금의 금액 및 부과절차 등에 관하여 필요한 사항은 대통령령으로 정한다.

제29조(영업소폐쇄 및 음반등의 수거 · 폐기) ①시장 · 군수 · 구청장은 제16조 및 제18조의 규정에 따른 신고 또는 등록을 하지 아니하고 영업을 하는 자와 제27조제1항의 규정에 따른 영업의 폐쇄명령 또는 등록의 취소처분을 받고 계속하여 영업을 하는 자에 대하여는 관계공무원으로 하여금 그 영업소를 폐쇄하기 위하여 다음 각 호의 조치를 하게 할 수 있다. 〈개정 2008. 2. 29., 2019. 12. 3., 2020. 2. 18.〉

1. 해당 영업 또는 영업소의 간판 그 밖의 영업표지물의 제거 · 삭제

2. 해당 영업 또는 영업소가 위법한 것임을 알리는 게시물의 부착

3. 영업을 위하여 필요한 기구 또는 시설물을 사용할 수 없게 하는 봉인

4. 해당 영업을 위하여 필요한 인터넷 주소 및 서버 등의 사용중지 또는 압류

②제1항의 조치를 하는 경우 미리 해당 영업자 또는 그 대리인에게 서면으로 이를 알려 주어야 한다. 다만, 대통령령으로 정하는 급박한 사유가 있는 경우에는 그러하지 아니하다. 〈개정 2019. 12. 3., 2023. 8. 8.〉

③시장 · 군수 · 구청장은 제16조의 규정에 따른 신고를 하지 아니한 자가 영리목적으로 제작한 음반등을 발견한 때에는 관계 공무원등으로 하여금 이를 수거하여 삭제 또는 폐기하게 할 수 있다. 〈개정 2008. 2. 29., 2020. 2. 18.〉

④제3항의 규정에 따라 관계 공무원 등이 해당 음반등을 수거한 때에는 그 소유자 또는 점유자에게 수거증을 교부하여야 한다. 다만, 수거증의 인수를 거부한 경우에는 그러하지 아니하다. 〈개정 2019. 12. 3.〉

⑤시장 · 군수 · 구청장은 제3항의 규정에 따라 관계 공무원 등이 수거 · 폐기 등을 하는 경우 필요한 때에는 관련 협회 또는 단체에 협조를 요청할 수 있다. 〈개정 2008. 2. 29., 2020. 2. 18., 2023. 8. 8.〉

⑥제1항 및 제3항의 규정에 따라 게시물의 부착 · 봉인 · 수거 · 폐기 등의 처분을 하는 관계 공무원이나 협회 또는 단체의 임 · 직원은

그 권한을 표시하는 증표를 지니고 이를 관계인에게 내보여야 한다.

제30조(청문) 시장·군수·구청장은 다음 각 호의 어느 하나에 해당하는 처분을 하려면 청문을 실시하여야 한다.

1. 제27조에 따른 영업의 폐쇄명령 또는 등록의 취소
2. 제29조제1항제4호에 따른 조치

[전문개정 2020. 2. 18.]

제4장 보칙

제31조(수수료) 다음 각 호의 어느 하나에 해당하는 신고 또는 등록을 하는 자는 특별자치시·특별자치도·시·군·구의 조례로 정하는 바에 따라 수수료를 납부하여야 한다. 〈개정 2020. 2. 18.〉

1. 제16조제1항의 규정에 따른 음반·음악영상물제작업 또는 음반·음악영상물배급업의 신고
2. 제16조제2항의 규정에 따른 온라인음악서비스제공업의 신고
3. 제18조제1항의 규정에 따른 노래연습장업의 등록
4. 제21조제1항의 규정에 따른 음반·음악영상물제작업, 음반·음악영상물배급업, 온라인음악서비스제공업 및 노래연습장업의 변경신고 또는 변경등록

제32조(권한의 위임·위탁) ①문화체육관광부장관 또는 시·도지사는 이 법의 규정에 따른 권한의 일부를 대통령령으로 정하는 바에 따라 시·도지사 또는 시장·군수·구청장에게 위임할 수 있다. 〈개정 2008. 2. 29., 2023. 8. 8.〉

②이 법의 규정에 따른 문화체육관광부장관, 시·도지사, 시장·

군수·구청장의 권한은 대통령령으로 정하는 바에 따라 관련 협회 또는 단체에 위탁할 수 있다. 〈개정 2008. 2. 29., 2023. 8. 8.〉

제33조(벌칙 적용에서의 공무원 의제) 제32조제2항의 규정에 따라 문화체육관광부장관 등이 위탁한 업무에 종사하는 관련 협회 또는 단체의 임·직원은 「형법」 제129조부터 제132조까지에 따른 벌칙을 적용할 때에는 공무원으로 본다. 〈개정 2008. 2. 29., 2023. 8. 8.〉

제5장 벌칙

제34조(벌칙) ①제29조제1항 각 호의 규정에 따른 조치를 위반하여 영업을 한 자는 5년 이하의 징역 또는 5천만원 이하의 벌금에 처한다.

②제22조제1항제4호 또는 제5호의 규정을 위반한 노래연습장업자는 3년 이하의 징역 또는 3천만원 이하의 벌금에 처한다.

③다음 각 호의 어느 하나에 해당하는 자는 2년 이하의 징역 또는 2천만원 이하의 벌금에 처한다. 〈개정 2016. 3. 22., 2023. 8. 8.〉

1. 제18조제1항의 규정을 위반하여 등록을 하지 아니하고 노래연습장업을 영위한 자

2. 제22조제1항제2호 또는 제3호의 규정을 위반하여 청소년을 출입하게 하거나 주류를 판매·제공한 노래연습장업자

2의2. 제26조제1항을 위반하여 금지행위를 한 자 또는 같은 조 제3항에 따른 명령을 이행하지 아니한 자

3. 제27조제1항의 규정에 따른 영업정지명령을 위반하여 영업을 계속한 자(제18조제1항의 규정에 따라 영업등록을 한 자에 한정한다)

4. 제29조제3항의 규정에 해당하는 음반등을 제작·유통 또는 이용에 제공하거나 그 목적으로 진열·보관 또는 전시한 자

④제22조제3항의 규정을 위반한 자는 1년 이하의 징역 또는 300만원 이하의 벌금에 처한다. 〈개정 2024. 10. 22.〉

⑤다음 각 호의 어느 하나에 해당하는 자는 1천만원 이하의 벌금에 처한다. 〈개정 2023. 8. 8.〉

1. 제16조의 규정을 위반하여 신고를 하지 아니하고 영업을 한 자

2. 제27조제1항의 규정에 따른 영업정지명령을 위반하여 영업을 계속한 자(제16조의 규정에 따른 영업의 신고를 한 자에 한정한다)

3. 제29조제1항 또는 제3항의 규정에 따른 관계공무원의 조치를 거부·방해 또는 기피한 자

제35조(양벌규정) 법인의 대표자나 법인 또는 개인의 대리인, 사용인, 그 밖의 종업원이 그 법인 또는 개인의 업무에 관하여 제34조의 위반행위를 하면 그 행위자를 벌하는 외에 그 법인 또는 개인에게도 해당 조문의 벌금형을 과(科)한다. 다만, 법인 또는 개인이 그 위반행위를 방지하기 위하여 해당 업무에 관하여 상당한 주의와 감독을 게을리하지 아니한 경우에는 그러하지 아니하다.

[전문개정 2010. 3. 17.]

제36조(과태료) ①다음 각 호의 어느 하나에 해당하는 자에게는 1천만원 이하의 과태료를 부과한다. 〈개정 2018. 12. 24., 2023. 8. 8.〉

1. 제11조의 규정을 위반하여 교육을 받지 아니한 노래연습장업자

2. 제21조제1항의 규정을 위반하여 변경신고 또는 변경등록을 하지 아니한 자

2의2. 제23조제1항부터 제3항까지의 규정을 위반하여 영업의 승계신고를 하지 아니한 자

3. 제25조제1항의 규정을 위반하여 상호 등을 표시하지 아니한 자

②제1항의 규정에 따른 과태료는 대통령령으로 정하는 바에 따라 시장·군수·구청장이 부과·징수한다. 〈개정 2020. 2. 18., 2023. 8. 8.〉

③ 삭제 〈2018. 2. 21.〉

④ 삭제 〈2018. 2. 21.〉

⑤ 삭제 〈2018. 2. 21.〉

부칙 〈제7942호, 2006. 4. 28.〉

제1조 (시행일) 이 법은 공포후 6개월이 경과한 날부터 시행한다.

제2조 (신고 및 등록업에 관한 경과조치) ①이 법 시행당시 종전의 「음반·비디오물 및 게임물에 관한 법률」 제26조의 규정에 따라 신고한 음반제작업자, 음반배급업자는 이 법 제16조제1항의 규정에 따른 음반·음악영상물제작업자, 음반·음악영상물배급업자로 신고한 것으로 본다.

②이 법 시행 당시 종전의 「음반·비디오물 및 게임물에 관한 법률」 제27조의 규정에 따라 등록한 노래연습장업자는 이 법 제18조제1항의 규정에 따라 등록한 것으로 본다.

제3조 (벌칙 등에 관한 경과조치) 이 법 시행 전의 행위에 대한 벌

칙 또는 과태료의 적용에 있어서는 종전의 「음반·비디오물 및 게임물에 관한 법률」의 규정에 따른다.

제4조 (온라인음악서비스제공업의 신고에 관한 경과조치) 이 법 시행당시 온라인음악서비스제공업을 영위하고 있는 자는 이 법 시행일부터 3개월 이내에 제16조제2항의 규정에 따라 시장·군수·구청장에게 신고하여야 한다.

제5조 (다른 법령과의 관계) 이 법 시행당시 다른 법령에서 「음반·비디오물 및 게임물에 관한 법률」이나 그 규정을 인용하고 있는 경우에 이 법 중 그에 해당하는 규정이 있는 때에는 종전의 규정에 갈음하여 이 법 또는 이 법의 해당조항을 인용한 것으로 본다.

부칙 〈제8852호, 2008. 2. 29.〉 (정부조직법)

제1조 (시행일) 이 법은 공포한 날부터 시행한다. 다만, ···〈생략〉··· 부칙 제6조에 따라 개정되는 법률 중 이 법의 시행 전에 공포되었으나 시행일이 도래하지 아니한 법률을 개정한 부분은 각각 해당 법률의 시행일부터 시행한다.

제2조 부터 제5조까지 생략

제6조 (다른 법률의 개정) ① 부터 〈265〉 까지 생략

〈266〉 음악산업진흥에 관한 법률 일부를 다음과 같이 개정한다.

제3조제1항·제3항 전단, 제4조제1항·제2항, 제5조제1항 전단·제2항, 제6조제1항 각 호 외의 부분, 제7조 각 호 외의 부분, 제8조제1항·제2항, 제9조제1항·제2항, 제10조, 제12조제1항부터 제3항까지, 제13조, 제14조제1항·제2항 각 호 외의 부분·제3항, 제

15조제1항 각 호 외의 부분, 제26조, 제29조제1항 각 호 외의 부분·제3항·제5항, 제30조제2항, 제32조제1항·제2항 및 제33조 중 "문화관광부장관"을 각각 "문화체육관광부장관"으로 한다.

제7조제4호, 제9조제1항, 제16조제4항, 제18조제1항·제2항, 제20조, 제21조제1항·제2항, 제24조제1항·제2항 및 제27조제3항 중 "문화관광부령"을 각각 "문화체육관광부령"으로 한다.

〈267〉 부터 〈760〉 까지 생략

제7조 생략

부칙 〈제9493호, 2009. 3. 18.〉

이 법은 공포한 날부터 시행한다.

부칙 〈제10115호, 2010. 3. 17.〉

이 법은 공포한 날부터 시행한다.

부칙 〈제10219호, 2010. 3. 31.〉 (지방세기본법)

제1조(시행일) 이 법은 2011년 1월 1일부터 시행한다.

제2조 부터 제10조까지 생략

제11조(다른 법률의 개정) ① 부터 ㉞ 까지 생략

㉟ 음악산업진흥에 관한 법률 일부를 다음과 같이 개정한다.

제23조제2항 중 "「지방세법」"을 "「지방세기본법」"으로 한다.

㊱ 부터 〈61〉 까지 생략

제12조 생략

부칙 〈제10369호, 2010. 6. 10.〉 (콘텐츠산업 진흥법)

제1조(시행일) 이 법은 공포 후 6개월이 경과한 날부터 시행한다. 〈단서 생략〉

제2조(다른 법률의 개정) ① 생략

② 음악산업진흥에 관한 법률 일부를 다음과 같이 개정한다.

제2조제12호 중 "음반등에 부여한 식별번호ㆍ기호"를 "「콘텐츠산업 진흥법」 제23조에 따라 문화체육관광부장관이 음반 등에 부여한 식별번호ㆍ기호"로 한다.

③ 생략

제3조 생략

부칙 〈제10629호, 2011. 5. 19.〉 (지식재산 기본법)

제1조(시행일) 이 법은 공포 후 2개월이 경과한 날부터 시행한다. 〈단서 생략〉

제2조(다른 법률의 개정) ①부터 ⑯까지 생략

⑰ 음악산업진흥에 관한 법률 일부를 다음과 같이 개정한다.

제14조의 제목 "(지적재산권의 보호)"를 "(지식재산권의 보호)"로 하고, 같은 조 제1항 및 제2항제2호ㆍ제3호 중 "지적재산권"을 각각 "지식재산권"으로 한다.

⑱부터 ㉒까지 생략

부칙 〈제11998호, 2013. 8. 6.〉 (지방세외수입금의 징수 등에 관한 법률)

제1조(시행일) 이 법은 공포 후 1년이 경과한 날부터 시행한다.

제2조 생략

제3조(다른 법률의 개정) ①부터 〈52〉까지 생략

〈53〉 음악산업진흥에 관한 법률 일부를 다음과 같이 개정한다.

제28조제3항 중 "지방세체납처분의 예에 따라 이를 징수한다"를 "「지방세외수입금의 징수 등에 관한 법률」에 따라 징수한다"로 한다.

〈54〉부터 〈71〉까지 생략

부칙 〈제13306호, 2015. 5. 18.〉 (영화 및 비디오물의 진흥에 관한 법률)

제1조(시행일) 이 법은 공포 후 6개월이 경과한 날부터 시행한다. 〈단서 생략〉

제2조 부터 제8조까지 생략

제9조(다른 법률의 개정) 음악산업진흥에 관한 법률 일부를 다음과 같이 개정한다.

제17조제2항 전단 중 "제98조제2항제8호"를 "제98조제2항제9호"로 한다.

부칙 〈제14082호, 2016. 3. 22.〉

이 법은 공포 후 6개월이 경과한 날부터 시행한다.

부칙 〈제14476호, 2016. 12. 27.〉 (지방세징수법)

제1조(시행일) 이 법은 공포 후 3개월이 경과한 날부터 시행한다. 〈단서 생략〉

제2조 및 제3조 생략

제4조(다른 법률의 개정) ①부터 ㊲까지 생략

㊳ 음악산업진흥에 관한 법률 일부를 다음과 같이 개정한다.

제23조제2항 중 "「지방세기본법」"을 "「지방세징수법」"으로 한다.

㊴부터 〈65〉까지 생략

제5조 생략

부칙 〈제15379호, 2018. 2. 21.〉

이 법은 공포 후 6개월이 경과한 날부터 시행한다.

부칙 〈제16062호, 2018. 12. 24.〉

제1조(시행일) 이 법은 공포 후 1개월이 경과한 날부터 시행한다.

제2조(음반·음악영상물제작업 등의 신고 또는 변경신고 등에 관한 적용례) ① 제16조제3항·제4항 및 제21조제2항·제3항의 개정규정은 이 법 시행 후 음반·음악영상물제작업, 음반·음악영상물배급업 또는 온라인음악서비스제공업의 신고 또는 변경신고를 하는 경우부터 적용한다.

② 제23조의 개정규정은 이 법 시행 후 음반·음악영상물제작업자, 음반·음악영상물배급업자, 온라인음악서비스제공업자 또는 노래연습장업자가 지위 승계신고를 하는 경우부터 적용한다.

부칙 〈제16692호, 2019. 12. 3.〉

이 법은 공포한 날부터 시행한다.

부칙 〈제17007호, 2020. 2. 18.〉 (중앙행정권한 및 사무 등의 지방 일괄 이양을 위한 물가안정에 관한 법률 등 46개 법률 일부개정을 위한 법률)

제1조(시행일) 이 법은 2021년 1월 1일부터 시행한다. 〈단서 생략〉

제2조(사무이양을 위한 사전조치) ① 관계 중앙행정기관의 장은 이 법에 따른 중앙행정권한 및 사무의 지방 일괄 이양에 필요한 인력 및 재정 소요 사항을 지원하기 위하여 필요한 조치를 마련하여 이 법에 따른 시행일 3개월 전까지 국회 소관 상임위원회에 보고하여야 한다.

② 「지방자치분권 및 지방행정체제개편에 관한 특별법」 제44조에 따른 자치분권위원회는 제1항에 따른 인력 및 재정 소요 사항을 사전에 전문적으로 조사·평가할 수 있다.

제3조(행정처분 등에 관한 일반적 경과조치) 이 법 시행 당시 종전의 규정에 따라 행정기관이 행한 처분 또는 그 밖의 행위는 이 법의 규정에 따라 행정기관이 행한 처분 또는 그 밖의 행위로 보고, 종전의 규정에 따라 행정기관에 대하여 행한 신청·신고, 그 밖의 행위는 이 법의 규정에 따라 행정기관에 대하여 행한 신청·신고, 그 밖의 행위로 본다.

제4조 생략

부칙 〈제17091호, 2020. 3. 24.〉 (지방행정제재ㆍ부과금의 징수 등에 관한 법률)

제1조(시행일) 이 법은 공포한 날부터 시행한다. 〈단서 생략〉

제2조 및 제3조 생략

제4조(다른 법률의 개정) ①부터 〈75〉까지 생략

〈76〉 음악산업진흥에 관한 법률 일부를 다음과 같이 개정한다.

제28조제3항 중 "「지방세외수입금의 징수 등에 관한 법률」"을 "「지방행정제재ㆍ부과금의 징수 등에 관한 법률」"로 한다.

〈77〉부터 〈102〉까지 생략

제5조 생략

부칙 〈제17717호, 2020. 12. 22.〉

이 법은 공포 후 3개월이 경과한 날부터 시행한다.

부칙 〈제18985호, 2022. 9. 27.〉 (영화 및 비디오물의 진흥에 관한 법률)

제1조(시행일) 이 법은 공포 후 6개월이 경과한 날부터 시행한다.

제2조(다른 법률의 개정) 음악산업진흥에 관한 법률 일부를 다음과 같이 개정한다.

제17조제2항 전단 중 "제50조 내지 제56조ㆍ제65조"를 "제50조ㆍ제50조의2부터 제50조의8까지ㆍ제51조부터 제56조까지ㆍ제65조"로, "제98조제1항제4호 내지 제6호"를 "제98조제1항제3호의2ㆍ제4호부터 제6호까지"로 하고, 같은 항 후단 중 ""음악영상물ㆍ음악영

상파일"로 본다"를 ""음악영상물ㆍ음악영상파일"로, "온라인비디오물"을 "음악영상파일"로 본다"로 한다.

부칙 〈제18986호, 2022. 9. 27.〉

제1조(시행일) 이 법은 공포 후 6개월이 경과한 날부터 시행한다.

제2조(노래연습장업자에 대한 행정처분의 면제에 관한 적용례) 제27조제1항의 개정규정은 이 법 시행 이후 제22조제1항제2호 또는 제6호를 위반한 경우부터 적용한다.

부칙 〈제19592호, 2023. 8. 8.〉 (법률용어 정비를 위한 문화체육관광위원회 소관 43개 법률 일부개정법률)

이 법은 공포한 날부터 시행한다.

부칙 〈제19801호, 2023. 10. 31.〉

이 법은 2024년 1월 1일부터 시행한다.

부칙 〈제20497호, 2024. 10. 22.〉

이 법은 공포한 날부터 시행한다. 다만, 제22조제2항의 개정규정 중 모바일 주민등록증에 관한 부분은 2024년 12월 27일부터 시행한다.

부칙 〈제20839호, 2025. 3. 25.〉

제1조(시행일) 이 법은 공포 후 3개월이 경과한 날부터 시행한다.

제2조(음반ㆍ음악영상물제작업 등의 신고 등에 관한 적용례) 제16조

제3항 · 제4항, 제20조, 제21조제2항부터 제4항까지 및 제23조제4항 · 제6항 · 제7항의 개정규정은 이 법 시행 이후 제16조제1항 본문, 제2항 본문 또는 제21조제1항에 따라 신고 또는 변경신고를 하거나 제23조제1항부터 제3항까지에 따라 지위 승계 신고를 하는 경우부터 적용한다.

부칙 〈제20916호, 2025. 4. 8.〉

제1조(시행일) 이 법은 공포한 날부터 시행한다.

제2조(음반 · 음악영상물제작업 등의 폐업신고에 관한 적용례) 제24조제1항의 개정규정은 제16조 또는 제18조에 따라 신고 또는 등록을 한 자가 이 법 시행 이후 해당 영업을 폐지하는 경우부터 적용한다.

음악산업진흥에 관한 법률 시행령

(약칭 : 음악산업법 시행령)

[시행 2023. 12. 12.] [대통령령 제33913호, 2023. 12. 12., 타법개정]

제1조(목적)
제2조(창업 및 우수음악상품 개발의 지원범위)
제3조삭　제
제4조(음악산업 자료 · 정보 관리기관의 지정)
제5조삭　제
제6조(음반등의 지식재산권 보호 관련 전문기관 · 단체)
제7조(음반 · 음악영상물제작업의 신고 예외)
제8조(청소년 출입시간 제한 등)
제9조(노래연습장업자의 준수사항)
제10조(영업의 승계 관련 주요시설 · 기구)
제11조(음반등의 표시사항 및 방법)
제11조의2(음반등의 유통질서 확립을 위한 조치)
제12조(과징금의 금액산정기준 등)
제13조(과징금의 부과 및 납부)
제14조(과징금의 운용계획)
제15조(폐쇄 조치의 통지 예외)
제16조(권한의 위탁)
제16조의2삭　제
제17조(과태료의 부과기준)

**개정 예정 법률 밑줄 별도 표시.

음악산업진흥에 관한 법률 시행령

(약칭 : 음악산업법 시행령)

[시행 2023. 12. 12.] [대통령령 제33913호, 2023. 12. 12., 타법개정]

제1조(목적) 이 영은 「음악산업진흥에 관한 법률」에서 위임된 사항과 그 시행에 관하여 필요한 사항을 규정함을 목적으로 한다.

제2조(창업 및 우수음악상품 개발의 지원범위) ①「음악산업진흥에 관한 법률」(이하 “법”이라 한다) 제4조제1항에 따른 지원 대상은 다음 각 호의 어느 하나에 해당하는 창업을 하는 자로 한다. 〈개정 2008. 2. 29.〉

1. 작사 · 작곡 · 편곡 등 음악의 창작을 위한 창업
2. 음반 · 음악파일 · 음악영상물 및 음악영상파일(이하 “음반등”이라 한다)의 유통 · 수출 · 수입업의 창업
3. 음악공연과 음반등의 기획 · 제작업의 창업
4. 음악산업 관련 교육기관의 창업
5. 악기 · 음향기기 등의 제작업의 창업
6. 그 밖에 음악산업과 관련된 창업 중 문화체육관광부령이 정하는 것

②법 제4조제2항에 따른 지원 대상은 다음 각 호의 어느 하나에 해당하는 음악상품의 창작자나 음반·음악영상물제작자로 한다. 〈개정 2008. 2. 29.〉

1. 국제 규모의 견본시장·시연회·전시회 등에 출품할 목적으로 개발된 음악상품

2. 수출할 목적으로 개발된 음악상품

3. 그 밖의 문화적·경제적 부가가치가 높은 음악상품으로서 문화체육관광부령이 정하는 것

제3조 삭제 〈2011. 12. 6.〉

제4조(음악산업 자료·정보 관리기관의 지정) ①문화체육관광부장관은 법 제5조제2항에 따른 음악산업 관련 자료나 정보를 전문적으로 관리하는 기관을 다음 각 호의 기관 중에서 지정하여야 한다. 〈개정 2008. 2. 29.〉

1. 「문화산업진흥 기본법」 제31조에 따른 한국문화콘텐츠진흥원(이하 "콘텐츠진흥원"이라 한다)

2. 그 밖에 음악산업의 진흥·발전을 위하여 설립된 기관이나 단체

②문화체육관광부장관은 제1항제2호에 따른 기관이나 단체를 음악산업 관련 자료나 정보를 전문적으로 관리하는 기관으로 지정하려는 때에는 음악산업 관련 사업실적이 우수한 기관이나 단체를 지정하여야 한다. 〈개정 2008. 2. 29.〉

제5조 삭제 〈2020. 9. 8.〉

제6조(음반등의 지식재산권 보호 관련 전문기관·단체) ①문화체육

관광부장관은 법 제14조제3항에 따른 관련 전문기관 또는 단체를 지정하려는 경우에는 다음 각 호의 기관이나 단체 중에서 지정하여야 한다. 〈개정 2008. 2. 29., 2009. 7. 22., 2016. 9. 21.〉

1. 콘텐츠진흥원

2. 「저작권법」 제112조에 따른 한국저작권위원회 또는 같은 법 제122조의2에 따른 한국저작권보호원

3. 그 밖에 음악산업에 관한 전문기관이나 단체

②문화체육관광부장관은 제1항제3호에 따른 전문기관이나 단체를 지정하려는 때에는 음반등 관련 분야의 기술보유현황, 지식재산권 관련 교육 또는 홍보실적 등이 우수한 기관이나 단체를 지정하여야 한다. 〈개정 2008. 2. 29., 2011. 7. 19.〉

[제목개정 2011. 7. 19.]

제7조(음반·음악영상물제작업의 신고 예외) 법 제16조제1항제6호에서 "그 밖에 대통령령이 정하는 경우"라 함은 다수인을 대상으로 하지 아니하면서 유통·시청에 제공할 목적 외의 다른 목적으로 음반등을 제작하는 경우를 말한다.

제8조(청소년 출입시간 제한 등) ①법 제22조제1항제2호 본문에서 "대통령령이 정하는 출입시간"이라 함은 오전 9시부터 오후 10시까지를 말한다.

②법 제22조제1항제2호 단서에서 "그 밖에 대통령령이 정하는 경우"라 함은 해당청소년의 성년인 친족, 「초·중등교육법」에 따른 소속학교의 교원 또는 이에 준하여 해당청소년을 지도·감독할 수 있는 지위에 있는 자를 동반하는 경우를 말한다.

제9조(노래연습장업자의 준수사항) 법 제22조제1항제6호에 따라 노래연습장업자가 준수하여야 할 사항은 별표 1과 같다.

제10조(영업의 승계 관련 주요시설 · 기구) 법 제23조제2항에서 "대통령령이 정하는 주요시설 · 기구"라 함은 다음 각 호에 규정된 것을 말한다.

1. 음반 · 음악영상물제작업 : 음반 · 음악영상물 제작기기
2. 온라인음악서비스제공업 : 도메인 이름, 영업 관련 자료 · 정보 등이 저장된 컴퓨터 등 정보처리장치 · 전자기록매체 또는 호스트서버
3. 노래연습장업 : 노래반주장치

제11조(음반등의 표시사항 및 방법) ①법 제25조제1항에 따라 음반등을 제작 또는 수입하거나 복제하는 자가 표시하여야 할 사항은 다음 각 호와 같다.

1. 상호, 제호, 제작연월일(수입 또는 복제의 경우에는 수입 또는 복제연월일)
2. 법 제17조에 따른 등급표시(음악영상물과 음악영상파일에 한한다)

②제1항에 따른 표시사항의 표시방법은 다음 각 호와 같다. 〈개정 2010. 12. 10.〉

1. 음반 : 제1항제1호의 사항을 음반의 표지 또는 포장지에 표시한다.
2. 음악파일 : 제1항제1호의 사항을 전자적 형태로 표시하여야 한다. 이 경우 음악파일을 제작 또는 수입하거나 복제하는 자가 「콘

텐츠산업 진흥법」 제2조제1항제4호에 따른 콘텐츠제작자인 경우에는 「콘텐츠산업 진흥법 시행령」 제33조에 따른 방법으로 표시하여야 한다.

3. 음악영상물 : 제1항제1호 및 제1항제2호의 사항을 「영화 및 비디오물의 진흥에 관한 법률 시행령」 제27조제1항 및 제2항에 따른 방법으로 표시한다.

4. 음악영상파일 : 제1항제1호의 사항을 전자적 형태로 표시하고, 제1항제2호의 사항을 「영화 및 비디오물의 진흥에 관한 법률 시행령」 별표 3에 따른 방법으로 표시하여야 한다. 이 경우 음악파일을 제작 또는 수입하거나 복제하는 자가 「콘텐츠산업 진흥법」 제2조제1항제4호에 따른 콘텐츠제작자인 경우에는 「콘텐츠산업 진흥법 시행령」 제33조에 따른 방법으로 표시하여야 한다.

제11조의2(음반등의 유통질서 확립을 위한 조치) 법 제26조제3항제4호에서 "대통령령으로 정하는 조치"란 법 제26조제1항제2호의 발표행위에 사용된 발표자료, 그 밖에 이와 유사한 발표수단의 폐기명령을 말한다.

[본조신설 2016. 11. 1.]

제12조(과징금의 금액산정기준 등) ①법 제28조에 따라 부과하는 과징금의 금액은 영업정지 1일당 5만원으로 한다. 이 경우 영업정지 1월에 해당하는 과징금의 금액은 30일로 하여 산정한다.

②특별자치시장ㆍ특별자치도지사ㆍ시장ㆍ군수ㆍ구청장(구청장은 자치구의 구청장을 말하며, 이하 "시장ㆍ군수ㆍ구청장"이라 한다)은 위반행위의 정도ㆍ위반횟수 및 위반행위의 동기와 그 결과 등을 고려

하여 제1항에 따른 과징금의 금액의 2분의 1 범위에서 가중 또는 경감할 수 있다. 다만, 가중하는 경우에도 과징금의 총액은 3천만원을 넘을 수 없다. 〈개정 2020. 9. 8.〉

제13조(과징금의 부과 및 납부) ①시장·군수·구청장은 법 제28조제1항에 따라 과징금을 부과하려는 때에는 그 위반행위의 내용과 과징금의 금액 등을 명시하여 이를 납부할 것을 서면으로 통지하여야 한다.

②제1항에 따라 통지를 받은 자는 20일 이내에 시장·군수·구청장이 정하는 수납기관에 과징금을 납부해야 한다. 〈개정 2023. 12. 12.〉

③제2항에 따라 과징금을 받은 수납기관은 납부자에게 영수증을 교부하여야 한다.

④과징금의 수납기관은 제2항에 따라 과징금을 받았을 때에는 지체 없이 그 사실을 시장·군수·구청장에게 통보하여야 한다.

제14조(과징금의 운용계획) 시장·군수·구청장은 법 제28조제2항에 따른 다음 해의 과징금 운용계획을 매년 10월 31일까지 수립하여야 한다.

제15조(폐쇄 조치의 통지 예외) 법 제29조제2항 단서에서 "대통령령으로 정하는 급박한 사유"라 함은 「행정절차법」 제21조제4항제1호에 해당하는 경우를 말한다.

제16조(권한의 위탁) ①문화체육관광부장관은 법 제32조제2항에 따라 법 제6조제1항에 따른 전문인력의 양성에 관한 업무를 콘텐츠진흥원, 「문화산업진흥기본법」 제16조에 따른 문화산업 전문인력 양성

기관 또는 「민법」 제32조에 따라 음악산업의 진흥을 목적으로 하여 설립된 협회나 단체에 위탁한다. 〈개정 2008. 2. 29.〉

②시장 · 군수 · 구청장은 법 제32조제2항에 따라 법 제11조에 따른 노래연습장업자 교육 실시에 관한 권한을 「민법」 제32조에 따라 음악산업의 진흥을 목적으로 하여 설립된 협회나 단체에 위탁할 수 있다.

③시장 · 군수 · 구청장은 제2항에 따라 노래연습장업자 교육 실시에 관한 권한을 위탁한 때에는 그 사실을 공고하여야 한다.

제16조의2 삭제 〈2022. 3. 8.〉

제17조(과태료의 부과기준) 법 제36조제1항에 따른 과태료의 부과기준은 별표 2와 같다.

[전문개정 2011. 3. 30.]

부칙 〈제19718호, 2006. 10. 27.〉

제4조의2 제5호중 "「음반 · 비디오물 및 게임물에 관한 법률」 제2조제11호"를 "「음악산업진흥에 관한 법률」 제2조제13호"로 한다.

⑤(다른 법령과의 관계) 이 영 시행당시 다른 법령에서 「음반 · 비디오물 및 게임물에 관한 법률 시행령」이나 그 규정을 인용하고 있는 경우에 이 영 가운데 그에 해당하는 규정이 있을 때에는 종전의 규정을 갈음하여 이 영 또는 이 영의 해당규정을 인용한 것으로 본다.

부칙 〈제20676호, 2008. 2. 29.〉 (문화체육관광부와 그 소속기관 직제)

제1조(시행일) 이 영은 공포한 날부터 시행한다.
제2조 부터 제4조까지 생략
제5조(다른 법령의 개정) ① 부터 ㉓ 까지 생략

㉔ 음악산업진흥에 관한 법률 시행령 일부를 다음과 같이 개정한다.

제3조제1항, 제4조제1항 각 호 외의 부분·제2항, 제6조제1항 각 호 외의 부분·제2항, 제16조제1항 중 "문화관광부장관"을 각각 "문화체육관광부장관"으로 한다.

제2조제1항제6호·제2항제3호, 제3조제2항, 제5조제3항, 제17조제4항 중 "문화관광부령"을 각각 "문화체육관광부령"으로 한다.

㉕ 부터 ㊲ 까지 생략

부칙 〈제21634호, 2009. 7. 22.〉 (저작권법 시행령)

제1조(시행일) 이 영은 2009년 7월 23일부터 시행한다. 〈단서 생략〉
제2조 생략
제3조(다른 법령의 개정) ① 부터 ⑧ 까지 생략

⑨ 음악산업진흥에 관한 법률 시행령 일부를 다음과 같이 개정한다.

제6조제1항제2호를 다음과 같이 한다.

2. 「저작권법」 제112조에 따른 한국저작권위원회

제4조 생략

부칙 <제22521호, 2010. 12. 10.> (콘텐츠산업 진흥법 시행령)

제1조(시행일) 이 영은 2010년 12월 11일부터 시행한다.

제2조(다른 법령의 개정) 「음악산업진흥에 관한 법률 시행령」 일부를 다음과 같이 개정한다.

제11조제2항제2호 후단 및 제4호 후단을 각각 다음과 같이 한다.

이 경우 음악파일을 제작 또는 수입하거나 복제하는 자가 「콘텐츠산업 진흥법」 제2조제1항제4호에 따른 콘텐츠제작자인 경우에는 「콘텐츠산업 진흥법 시행령」 제33조에 따른 방법으로 표시하여야 한다.

제3조 생략

부칙 <제22779호, 2011. 3. 30.>

제1조(시행일) 이 영은 공포한 날부터 시행한다.

제2조(과태료에 관한 경과조치) ① 이 영 시행 전의 위반행위에 대하여 과태료의 부과기준을 적용할 때에는 별표 2의 개정규정에도 불구하고 종전의 규정에 따른다.

② 이 영 시행 전의 위반행위로 받은 과태료 부과처분은 별표 2의 개정규정에 따른 위반행위의 횟수 산정에 포함하지 아니한다.

부칙 <제23036호, 2011. 7. 19.> (지식재산 기본법 시행령)

제1조(시행일) 이 영은 공포한 날부터 시행한다.

제2조 생략

제3조(다른 법령의 개정) ①부터 ⑩까지 생략

⑪ 음악산업진흥에 관한 법률 시행령 일부를 다음과 같이 개정한다.

제6조의 제목 "(음반등의 지적재산권 보호 관련 전문기관 · 단체)"를 "(음반등의 지식재산권 보호 관련 전문기관 · 단체)"로 하고, 같은 조 제2항 중 "지적재산권"을 "지식재산권"으로 한다.

⑫부터 ⑭까지 생략

부칙 〈제23348호, 2011. 12. 6.〉 (행정기관 소속 위원회의 정비를 위한 공무원 인사기록 · 통계 및 인사사무 처리 규정 등 일부개정령)

이 영은 공포한 날부터 시행한다.

부칙 〈제26802호, 2015. 12. 30.〉 (규제 재검토기한 설정을 위한 관광진흥법 시행령 등 일부개정령)

이 영은 공포한 날부터 시행한다.

부칙 〈제27503호, 2016. 9. 21.〉 (저작권법 시행령)

제1조(시행일) 이 영은 2016년 9월 23일부터 시행한다.

제2조 생략

제3조(다른 법령의 개정) ①부터 ③까지 생략

④ 음악산업진흥에 관한 법률 시행령 일부를 다음과 같이 개정한다.

제6조제1항제2호를 다음과 같이 한다.

2. 「저작권법」 제112조에 따른 한국저작권위원회 또는 같은 법

제122조의2에 따른 한국저작권보호원

부칙 〈제27565호, 2016. 11. 1.〉

이 영은 공포한 날부터 시행한다.

부칙 〈제30993호, 2020. 9. 8.〉 (중앙행정권한 및 사무 등의 지방 일괄 이양을 위한 30개 대통령령의 일부개정에 관한 대통령령)

이 영은 2021년 1월 1일부터 시행한다.

부칙 〈제32528호, 2022. 3. 8.〉 (규제 재검토기한 설정 해제 등을 위한 91개 법령의 일부개정에 관한 대통령령)

이 영은 공포한 날부터 시행한다.

부칙 〈제33913호, 2023. 12. 12.〉 (행정법제 혁신을 위한 가덕도신공항 건설을 위한 특별법 시행령 등 123개 법령의 일부개정에 관한 대통령령)

이 영은 공포한 날부터 시행한다.

별표 / 서식

[별표 1] 노래연습장업자의준수사항[제9조관련]

[별표 2] 과태료의 부과기준(제17조 관련)

음악산업진흥에 관한 법률 시행규칙

(약칭 : 음악산업법 시행규칙)

[시행 2025. 3. 14.] [문화체육관광부령 제589호, 2025. 3. 14., 타법개정]

제1조(목적)
제2조삭 제
제3조(음악기술개발의 추진)
제4조(표준화사업 추진 전문기관 · 단체 지정)
제5조(노래연습장업자의 교육)
제6조(음반 · 음악영상물제작업 등의 신고서 제출)
제7조(온라인음악서비스제공업의 신고서 제출)
제8조(노래연습장의 시설기준)
제9조(노래연습장업의 등록신청서 제출 등)
제10조(신고증 · 등록증의 교부 및 재교부)
제11조(신고 또는 등록사항의 변경신고 등)
제12조(청소년 출입 동의서)
제13조(폐업신고의 절차)
제14조(직권말소의 확인 등)
제14조의2(음반등의 유통질서)
제15조(행정처분의 기준 등)
제16조(관계공무원의 영업소 출입기록 등)
제17조(규제의 재검토)

**개정 예정 법률 밑줄 별도 표시.

음악산업진흥에 관한 법률 시행규칙
(약칭 : 음악산업법 시행규칙)

[시행 2025. 3. 14.] [문화체육관광부령 제589호, 2025. 3. 14., 타법개정]

제1조(목적) 이 규칙은 「음악산업 진흥에 관한 법률」 및 「음악산업 진흥에 관한 법률 시행령」에서 위임된 사항과 그 시행에 관하여 필요한 사항을 규정함을 목적으로 한다.

제2조 삭제 〈2016. 10. 28.〉

제3조(음악기술개발의 추진) 「음악산업진흥에 관한 법률」(이하 "법"이라 한다) 제7조제4호에서 "문화체육관광부령으로 정하는 사항"이라 함은 다음 각 호의 사항을 말한다. 〈개정 2008. 3. 6.〉

1. 음악 관련 기술개발 인력에 대한 교육·훈련에 관한 사항
2. 음악 관련 기술개발을 위한 산학협력에 관한 사항
3. 음악 관련 기술개발을 위한 외국의 전문단체나 국제기구와의 교류에 관한 사항

제4조(표준화사업 추진 전문기관·단체 지정) ①문화체육관광부장관은 다음 각 호의 기관 또는 단체를 법 제9조제2항에 따른 표준화사업 추진 전문기관 또는 단체로 지정할 수 있다. 〈개정 2008. 3. 6.〉

1. 「문화산업진흥 기본법」 제31조에 따른 한국문화콘텐츠진흥원(이하 "콘텐츠진흥원"이라 한다)

2. 그 밖에 음악산업에 관한 전문기관 또는 단체

②문화체육관광부장관은 제1항제2호에 따른 기관 또는 단체를 지정하려는 때에는 사업실적 등이 우수한 기관 또는 단체를 지정하여야 한다. 〈개정 2008. 3. 6.〉

제5조(노래연습장업자의 교육) ①특별자치시장 · 특별자치도지사 · 시장 · 군수 · 구청장(자치구의 구청장을 말한다. 이하 같다)이 법 제11조에 따라 교육을 실시하려는 때에는 교육 시행일 7일 전까지 교육일시 · 장소 및 교육내용 등을 명시한 교육통지서를 해당교육대상자에게 통지하여야 한다. 〈개정 2019. 6. 4.〉

②영 제16조제2항에 따라 특별자치시장 · 특별자치도지사 · 시장 · 군수 · 구청장으로부터 노래연습장업자의 교육실시 권한을 위탁받은 협회 또는 단체는 정당한 사유 없이 교육에 참석하지 아니한 자에 대하여 해당 특별자치시장 · 특별자치도지사 · 시장 · 군수 · 구청장에게 그 사실을 통지해야 한다. 〈개정 2020. 12. 31.〉

제6조(음반 · 음악영상물제작업 등의 신고서 제출) ①법 제16조제1항 각 호 외의 부분 본문에 따라 제작업 또는 배급업의 신고를 하려는 자는 별지 제1호서식의 음반 · 음악영상물제작(배급)업 신고서에 다음 각 호의 서류를 첨부하여 특별자치시장 · 특별자치도지사 · 시장 · 군수 · 구청장에게 제출해야 한다. 〈개정 2011. 11. 29., 2019. 6. 4., 2020. 12. 31., 2025. 3. 14.〉

1. 영업소(공장이 있는 경우에는 공장을 포함한다)의 임대차계약

서 사본(임차한 경우에 한한다)

2. 소유 또는 임차한 제작시설 및 장비의 명세서(음반·음악영상물제작업에 한한다)

②제1항에 따라 신고서를 받은 담당 공무원은 「전자정부법」 제36조제1항에 따른 행정정보의 공동이용을 통하여 다음 각 호의 서류를 확인하여야 한다. 다만, 신고인이 제3호에 따른 서류의 확인에 동의하지 않는 경우에는 그 서류를 첨부하게 해야 한다. 〈개정 2009. 2. 19., 2011. 11. 29., 2012. 4. 5., 2025. 3. 14.〉

1. 법인 등기사항증명서(법인의 경우에 한한다)

2. 영업소(공장이 있는 경우 공장을 포함한다)의 건물등기사항증명서(임차한 경우로서 건축물대장의 소유자와 임대차계약서의 임대인이 다른 경우에 한한다)

3. 사업자등록증명(주민등록번호가 제외된 사업자등록증명을 말한다. 이하 같다)

제7조(온라인음악서비스제공업의 신고서 제출) ①법 제16조제2항 본문에 따라 온라인음악서비스제공업의 신고를 하려는 자는 별지 제3호서식의 온라인음악서비스제공업 신고서에 다음 각 호의 서류를 첨부하여 영업소 소재지를 관할하는 특별자치시장·특별자치도지사·시장·군수·구청장에게 제출하여야 한다. 〈개정 2019. 6. 4., 2025. 3. 14.〉

1. 영업소의 임대차계약서 사본(임차한 경우에 한한다)

2. 시설 및 장비의 명세서

②제1항에 따라 신고서를 받은 담당 공무원은 「전자정부법」 제36

조제1항에 따른 행정정보의 공동이용을 통하여 다음 각 호의 서류를 확인하여야 한다. 다만, 신고인이 제3호에 따른 서류의 확인에 동의하지 않는 경우에는 그 서류를 첨부하게 해야 한다. 〈개정 2009. 2. 19., 2011. 11. 29., 2012. 4. 5., 2025. 3. 14.〉

1. 법인 등기사항증명서(법인의 경우에 한한다)

2. 영업소의 건물등기사항증명서(임차한 경우로서 건축물대장의 소유자와 임대차계약서의 임대인이 다른 경우에 한한다)

3. 사업자등록증명

제8조(노래연습장의 시설기준) 법 제18조제1항에 따른 노래연습장의 시설기준은 별표 1과 같다.

제9조(노래연습장업의 등록신청서 제출 등) ①법 제18조제1항에 따라 노래연습장업의 등록을 하려는 자는 별지 제4호서식의 노래연습장업 등록신청서에 다음 각 호의 서류를 첨부하여 영업소 소재지를 관할하는 특별자치시장·특별자치도지사·시장·군수·구청장에게 제출하여야 한다. 〈개정 2019. 6. 4., 2025. 3. 14.〉

1. 영업소의 임대차계약서 사본(임차한 경우에 한한다)

2. 영업시설·기구 및 설비 개요서

②제1항에 따라 신청서를 제출받은 담당 공무원은 「전자정부법」 제36조제1항에 따른 행정정보의 공동이용을 통하여 다음 각 호의 서류를 확인하여야 한다. 다만, 제3호 및 제4호의 경우 신청인이 확인에 동의하지 아니하는 경우에는 그 서류를 첨부하도록 하여야 한다. 〈개정 2009. 2. 19., 2011. 11. 29., 2012. 4. 5., 2013. 11. 29.〉

1. 법인 등기사항증명서(법인의 경우에 한한다)

2. 영업소의 건물등기사항증명서(임차한 경우로서 건축물대장의 소유자와 임대차계약서의 임대인이 다른 경우에 한한다)

3. 전기안전점검확인서

4. 안전시설등 완비증명서

③ 특별자치시장·특별자치도지사·시장·군수·구청장은 제1항에 따른 등록 신청이 다음 각 호의 어느 하나에 해당하는 경우를 제외하고는 등록을 해 주어야 한다. 〈개정 2011. 11. 29., 2017. 6. 16., 2019. 6. 4.〉

1. 제8조에 따른 노래연습장의 시설기준에 미달하는 경우

2. 등록을 신청한 자가 법 제19조 각 호의 어느 하나에 해당하는 경우

3. 「다중이용업소의 안전관리에 관한 특별법」 제9조제5항에 따른 안전시설등 완비증명서를 발급받지 아니한 경우

4. 「전기사업법」 제66조의2에 따른 전기안전점검을 받지 아니한 경우

5. 「교육환경 보호에 관한 법률」 제9조에 따라 교육환경보호구역에서 설치가 허용되지 아니하는 경우

6. 「소음·진동관리법」 제21조제2항에 따른 생활소음·진동의 규제기준을 충족하지 못한 경우

7. 그 밖에 법 또는 다른 법령에 따른 제한에 위반되는 경우

제10조(신고증·등록증의 교부 및 재교부) ①법 제20조에 따라 특별자치시장·특별자치도지사·시장·군수·구청장은 다음 각 호의 신고증 또는 등록증을 교부해야 한다. 〈개정 2011. 11. 29., 2020.

12. 31.〉

1. 법 제16조제1항 본문에 따른 음반·음악영상물제작업의 경우 : 별지 제5호서식의 음반·음악영상물제작업 신고증

2. 법 제16조제1항 본문에 따른 음반·음악영상물배급업의 경우 : 별지 제6호서식의 음반·음악영상물배급업 신고증

3. 법 제16조제2항에 따른 온라인음악서비스제공업의 경우 : 별지 제7호서식의 온라인음악서비스제공업 신고증

4. 법 제18조제1항에 따른 노래연습장업의 경우 : 별지 제8호서식의 노래연습장업 등록증

②제1항에 따른 신고증 또는 등록증을 받은 자가 신고증이나 등록증을 잃어버리거나 헐어서 못쓰게 되어 재교부를 받으려는 때에는 별지 제9호서식의 음반·음악영상물제작업 등의 신고증(등록증) 재교부신청서에 신고증이나 등록증이 헐어서 못쓰게 되었음을 확인할 수 있는 증거자료를 첨부(신고증이나 등록증이 헐어서 못쓰게 된 경우에 한한다)하여 특별자치시장·특별자치도지사·시장·군수·구청장에게 제출해야 한다. 〈개정 2020. 12. 31.〉

③특별자치시장·특별자치도지사·시장·군수·구청장은 제2항에 따라 신고증 또는 등록증의 재교부 신청을 받은 때에는 그 신고 또는 등록의 내용을 확인한 후 신고증이나 등록증을 재교부해야 한다. 〈개정 2020. 12. 31.〉

제11조(신고 또는 등록사항의 변경신고 등) ①법 제21조제1항에 따라 음반·음악영상물제작업, 음반·음악영상물배급업 또는 온라인음악서비스제공업을 신고하거나 노래연습장업을 등록한 자가 변경신고

또는 변경등록을 하여야 하는 사항은 다음 각 호와 같다. 〈개정 2011. 11. 29., 2013. 11. 29.〉

1. 영업자(법인의 경우에는 그 대표자를 말한다)의 변경

2. 영업소 소재지의 변경

3. 제작품목 또는 배급품목의 변경(음반ㆍ음악영상물제작업 및 음반ㆍ음악영상물배급업에 한한다)

4. 상호의 변경

5. 인터넷도메인 이름 또는 호스트서버 소재지의 변경(온라인음악서비스제공업에 한정한다)

6. 영업소 면적 및 내부에 구획된 실(室)의 수 변경과 청소년실 유무의 변경(노래연습장업에 한정한다)

②제1항에 따라 변경신고 또는 변경등록을 하려는 자는 그 변경 사유가 발생한 날부터 30일 이내에 다음 각 호의 어느 하나에 해당하는 서류를 특별자치시장ㆍ특별자치도지사ㆍ시장ㆍ군수ㆍ구청장에게 제출해야 한다. 〈개정 2012. 4. 5., 2020. 12. 31.〉

1. 법 제16조제1항 본문에 따른 음반ㆍ음악영상물제작업 또는 음반ㆍ음악영상물배급업의 경우 : 별지 제10호서식의 음반ㆍ음악영상물제작(배급)업 변경신고서

2. 법 제16조제2항 본문에 따른 온라인음악서비스제공업의 경우 : 별지 제11호서식의 온라인음악서비스제공업 변경신고서

3. 법 제18조에 따른 노래연습장업의 경우 : 별지 제12호서식의 노래연습장업 변경등록신청서

③제2항의 서류에는 다음 각 호의 서류를 첨부해야 한다. 〈개정

2013. 11. 29., 2016. 10. 28., 2023. 3. 28.〉

1. 신고증 또는 등록증

2. 법 제23조제1항에 따라 영업자의 지위를 승계하는 경우에는 다음 각 목의 서류

가. 별지 제12호의2서식의 행정처분등의 내용 고지 및 가중처분 대상업소 확인서

나. 지위승계를 증명할 수 있는 다음의 어느 하나에 해당하는 서류

1) 양도ㆍ양수의 경우에는 양도ㆍ양수 사실을 증명할 수 있는 서류 사본 및 양도인의 주민등록증 등 공공기관이 발행한 것으로서 본인 확인이 가능한 신분증 사본(양도ㆍ양수인이 함께 방문하여 신고하는 경우는 제외한다)

2) 상속의 경우에는 제적등본 또는 가족관계등록부 등 상속사실을 증명할 수 있는 서류

3) 합병의 경우에는 합병계약서 사본 등 합병 사실을 증명할 수 있는 서류

3. 영업소(공장이 있는 경우에는 공장을 포함한다)의 소재지를 변경하는 경우 영업소의 임대차계약서 사본(임차한 경우에 한한다)

4. 제작품목을 변경하는 경우에는 제작시설 및 장비의 명세서(제작시설 및 장비를 바꾸는 경우에 한한다)

5. 그 밖에 변경사항을 증명하는 서류

④ 제2항과 제3항에 따른 서류를 받은 담당 공무원은 「전자정부법」 제36조제1항에 따른 행정정보의 공동이용을 통하여 다음 각 호

의 서류를 확인해야 한다. 다만, 신청인이 제2호 또는 제3호에 해당하는 서류의 확인에 동의하지 않는 경우에는 그 서류를 첨부하도록 해야 한다. 〈개정 2013. 11. 29., 2023. 3. 28.〉

1. 영업소의 건물등기사항증명서(임차한 경우로서 건축물대장의 소유자와 임대차계약서의 임대인이 다른 경우만 해당한다)

2. 전기안전점검확인서(영업소의 소재지 또는 면적의 변경 등으로 「전기사업법」 제66조의2제1항에 따른 전기안전점검을 받아야 하는 경우로서 노래연습장업 변경등록을 신청한 경우만 해당한다)

3. 안전시설등 완비증명서(면적의 변경, 내부에 구획된 실의 수 변경 등으로 「다중이용업소의 안전관리에 관한 특별법」 제9조제3항에 따른 신고를 하여야 하는 경우로서 노래연습장업 변경등록을 신청한 경우만 해당한다)

4. 법인 등기사항증명서(법인인 경우만 해당한다)

⑤특별자치시장 · 특별자치도지사 · 시장 · 군수 · 구청장은 제2항과 제3항에 따른 변경신고 또는 변경등록 신청을 받은 경우에는 그 내용을 확인한 후 제10조제1항에 따라 갱신된 신고증 또는 등록증을 교부해야 한다. 〈개정 2020. 12. 31.〉

제12조(청소년 출입 동의서) 법 제22조제1항제2호 단서에 따른 출입동의서에 적어야 할 사항은 다음 각 호와 같다. 〈개정 2015. 12. 31., 2023. 3. 28.〉

1. 청소년의 인적사항(성명 · 생년월일 · 주소)

2. 출입 허용 일시

3. 부모 등 보호자의 인적사항(성명 · 생년월일 · 연락전화 · 청소년

과의 관계) 및 서명

제13조(폐업신고의 절차) ① 법 제24조제1항에 따라 폐업신고를 하려는 자는 별지 제13호서식의 폐업신고서에 등록증 또는 신고증을 첨부하여 특별자치시장·특별자치도지사·시장·군수·구청장에게 제출해야 한다. 다만, 등록증 또는 신고증을 분실한 경우에는 폐업신고서에 분실사유를 기재하여 제출할 수 있다. 〈개정 2017. 6. 16., 2019. 6. 4., 2020. 12. 31.〉

② 법 제16조제2항 및 제18조에 따라 특별자치시장·특별자치도지사·시장·군수·구청장에게 신고 또는 등록한 자가 제1항에 따른 폐업신고를 「부가가치세법」 제8조제6항에 따른 폐업신고와 같이 하려는 때에는 별지 제13호서식의 폐업신고서와 「부가가치세법 시행규칙」 별지 제9호서식의 폐업신고서를 함께 제출하거나, 「민원처리에 관한 법률 시행령」 제12조제10항에 따른 통합 폐업신고서를 제출하여야 한다. 이 경우 특별자치시장·특별자치도지사·시장·군수·구청장은 함께 제출받은 폐업신고서 또는 통합 폐업신고서를 지체 없이 관할 세무서장에게 송부(정보통신망을 이용한 송부를 포함한다. 이하 이 조에서 같다)하여야 한다. 〈신설 2017. 6. 16., 2019. 6. 4.〉

③ 관할 세무서장이 「부가가치세법 시행령」 제13조제5항에 따라 제1항에 따른 폐업신고를 받아 이를 해당 특별자치시장·특별자치도지사·시장·군수·구청장에게 송부한 경우에는 제1항에 따른 폐업신고를 한 것으로 본다. 〈신설 2017. 6. 16., 2019. 6. 4.〉

제14조(직권말소의 확인 등) ①법 제24조제2항에 따라 신고 또는

등록한 사항을 직권으로 말소하려는 특별자치시장·특별자치도지사·시장·군수·구청장은 해당 영업자 또는 건물주 등 영업소의 관계인을 대상으로 다음 각 호의 어느 하나에 해당하는 사항을 확인해야 한다. 〈개정 2020. 12. 31., 2023. 3. 28.〉

1. 임대차계약의 종료여부

2. 영업자의 기구·기기의 철거여부

3. 관할 세무서에의 폐업신고 등 영업의 폐지 여부

②특별자치시장·특별자치도지사·시장·군수·구청장은 제1항에 따라 직권으로 신고 또는 등록사항을 말소하려는 경우 사전에 영업자에게 통지하고 해당기관의 게시판과 인터넷 홈페이지에 20일 이상 게시해야 한다. 〈개정 2020. 12. 31.〉

제14조의2(음반등의 유통질서) 법 제26조제1항제3호에서 “문화체육관광부령으로 정하는 사항”이란 다음 각 호의 행위를 한 자에게 대가를 지급하는 행위를 말한다.

1. 제작·수입 또는 유통하는 음반등의 판매량을 올릴 목적으로 해당 음반등을 부당하게 구입하거나 관련된 자로 하여금 부당하게 구입하게 하는 행위

2. 제1호의 행위를 하는 사실을 알면서도 해당 음반등의 판매량을 공개적으로 발표하는 행위

[본조신설 2016. 10. 28.]

제15조(행정처분의 기준 등) ①법 제27조제1항에 따른 행정처분의 기준은 별표 2와 같다. 〈개정 2023. 3. 28.〉

②특별자치시장·특별자치도지사·시장·군수·구청장은 제1항에

따른 행정처분을 하는 경우에는 별지 제14호서식의 행정처분기록대장에 그 처분내용 등을 기록·관리해야 한다. 〈개정 2020. 12. 31.〉

③ 특별자치시장·특별자치도지사·시장·군수·구청장은 법 제27조제1항 각 호 외의 부분 단서에 따라 다음 각 호의 어느 하나에 해당하는 경우에는 해당 노래연습장업자에 대한 행정처분을 면제한다. 〈개정 2024. 3. 29.〉

1. 노래연습장업자가 청소년의 신분증 위조·변조 또는 도용으로 청소년인 사실을 알지 못한 사정이 영상정보처리기기에 촬영된 영상정보, 진술 또는 그 밖의 방법으로 확인된 경우

2. 노래연습장업자가 청소년의 폭행 또는 협박으로 청소년임을 확인하지 못한 사정이 영상정보처리기기에 촬영된 영상정보, 진술 또는 그 밖의 방법으로 확인된 경우

3. 노래연습장업자가 청소년의 신분증 위조·변조 또는 도용으로 청소년인 사실을 알지 못했거나 폭행 또는 협박으로 청소년임을 확인하지 못한 사정이 인정되어 불송치 또는 불기소(불송치 또는 불기소를 받은 이후 해당 사건에 대하여 다시 수사절차가 진행 중인 경우 또는 해당 사건에 대하여 공소가 제기되어 형사재판이 진행 중인 경우는 제외한다)를 받거나 선고유예 판결을 받은 경우

④ 제3항제1호 또는 제2호에도 불구하고 특별자치시장·특별자치도지사·시장·군수·구청장은 같은 항 제1호 또는 제2호에 해당하는 노래연습장업자가 법원의 판결에 따라 유죄로 확정된 경우(선고유예 판결을 받은 경우는 제외한다)에는 행정처분을 면제하지 아니

한다. 〈신설 2024. 3. 29.〉

⑤ 법 제23조에 따라 영업자의 지위를 승계하려는 자는 담당 공무원에게 해당영업소의 행정처분기록대장의 열람을 청구할 수 있다. 〈개정 2023. 3. 28., 2024. 3. 29.〉

제16조(관계공무원의 영업소 출입기록 등) ①법 제29조에 따라 영업소 폐쇄 및 음반 등 수거ㆍ폐기 등의 조치를 위하여 해당영업소에 출입하는 관계공무원은 별지 제15호서식의 관계공무원 출입 및 행정조치사항 기록부에 출입ㆍ조치사항을 적고 서명하여 영업자에게 교부하여야 한다.

②법 제29조제4항에 따른 음반등의 수거증은 별지 제16호서식에 따른다.

③법 제29조제6항에 따라 관계공무원의 권한을 표시하는 증표는 공무원증으로 하고, 협회 또는 단체의 임직원의 권한을 표시하는 증표는 별지 제17호서식의 불법 음반등 단속반원증으로 한다.

제17조(규제의 재검토) 문화체육관광부장관은 다음 각 호의 사항에 대하여 다음 각 호의 기준일을 기준으로 3년마다(매 3년이 되는 해의 기준일과 같은 날 전까지를 말한다) 그 타당성을 검토하여 개선 등의 조치를 해야 한다. 〈개정 2023. 3. 28.〉

1. 제6조에 따른 음반ㆍ음악영상물제작업 등의 신고서 제출: 2014년 1월 1일

2. 제8조에 따른 노래연습장의 시설기준: 2014년 1월 1일

3. 제11조에 따른 음반ㆍ음악영상물제작업 및 노래연습장의 신고 또는 등록사항의 변경신고 등: 2023년 1월 1일

4. 제12조에 따른 청소년 출입동의서 기재사항: 2023년 1월 1일

5. 제15조에 따른 음반·음악영상물제작업 및 노래연습장의 행정처분의 기준 등: 2023년 1월 1일

[본조신설 2013. 12. 31.]

부칙 〈제150호, 2006. 10. 27.〉

①(시행일) 이 규칙은 2006년 10월 29일부터 시행한다.

②(행정처분기준에 관한 경과조치) 이 규칙 시행 전의 행위에 대한 행정처분기준의 적용은 종전의 규정에 따른다.

③(다른 법령과의 관계) 이 규칙 시행당시 다른 법령에서 「음반·비디오물 및 게임물에 관한 법률 시행규칙」이나 그 규정을 인용하고 있는 경우에 이 규칙 중 그에 해당하는 규정이 있으면 종전의 규정을 갈음하여 이 규칙 또는 이 규칙의 해당규정을 인용한 것으로 본다.

부칙 〈제1호, 2008. 3. 6.〉 (문화체육관광부와 그 소속기관 직제 시행규칙)

제1조(시행일) 이 규칙은 공포한 날부터 시행한다.

제2조 생략

제3조(다른 법령의 개정) ① 부터 ⑱ 까지 생략

⑲ 음악산업진흥에 관한 법률 시행규칙 일부를 다음과 같이 개정한다.

제2조제2항·제3항, 제4조제1항 각 호 외의 부분·제2항 중 "문

화관광부장관"을 각각 "문화체육관광부장관"으로 한다.

제3조 각 호 외의 부분 중 "문화관광부령으로"를 "문화체육관광부령으로"로 한다.

별지 제17호서식 앞쪽 중 "문화관광부"를 "문화체육관광부"로 하고, 같은 서식 뒤쪽 중 "문화관광부장관"을 "문화체육관광부장관"으로 한다.

⑳ 부터 ㉔ 까지 생략

부칙 〈제28호, 2009. 2. 19.〉

제1조(시행일) 이 규칙은 공포한 날부터 시행한다.

제2조(행정처분기준에 관한 경과조치) 이 규칙 시행 전의 행위에 대한 행정처분의 적용에 있어서는 별표 2의 개정규정에 불구하고 종전의 규정에 따른다.

부칙 〈제374호, 2010. 6. 30.〉 (소음 · 진동관리법 시행규칙)

제1조(시행일) 이 규칙은 2010년 7월 1일부터 시행한다. 〈단서 생략〉

제2조 및 제3조 생략

제4조(다른 법률의 개정) ① 부터 ⑪ 까지 생략

⑫ 음악산업진흥에 관한 법률 시행규칙 일부를 다음과 같이 개정한다.

제9조제3항제4호 중 "「소음 · 진동규제법」"을 "「소음 · 진동관리법」"으로 한다.

별표 1의 4. 안전시설 등의 시설기준란 중 "「소음 · 진동규제법」"

을 “「소음 · 진동관리법」”으로 한다.

⑬ 부터 ㉑ 까지 생략

제5조 생략

부칙 〈제95호, 2011. 11. 29.〉

이 규칙은 공포한 날부터 시행한다.

부칙 〈제109호, 2012. 4. 5.〉

제1조(시행일) 이 규칙은 공포한 날부터 시행한다.

제2조(음반 · 음악영상물제작업 등의 변경신고 또는 변경등록에 관한 적용례) 제11조제2항의 개정규정은 이 규칙 시행 후 최초로 변경사유가 발생한 경우부터 적용한다.

부칙 〈제157호, 2013. 11. 29.〉

제1조(시행일) 이 규칙은 공포한 날부터 시행한다.

제2조(행정처분의 기준에 관한 경과조치) 별표 2의 개정규정에도 불구하고 이 규칙 시행 전의 위반행위에 대한 행정처분에 관하여는 종전의 규정에 따른다.

부칙 〈제162호, 2013. 12. 31.〉 (행정규제기본법 개정에 따른 규제 재검토기한 설정을 위한 영화 및 비디오물의 진흥에 관한 법률 시행규칙 등 일부개정령)

이 규칙은 2014년 1월 1일부터 시행한다.

부칙 〈제173호, 2014. 6. 19.〉 (개인정보 보호 등을 위한 문화산업진흥 기본법 시행규칙 등 일부개정령)
이 규칙은 공포한 날부터 시행한다.

부칙 〈제240호, 2015. 12. 31.〉
이 규칙은 공포한 날부터 시행한다.

부칙 〈제241호, 2015. 12. 31.〉 (법령서식 개선 등을 위한 게임산업진흥에 관한 법률 시행규칙 등 일부개정령)
제1조(시행일) 이 규칙은 공포한 날부터 시행한다.
제2조(서식 개정에 관한 경과조치) 이 규칙 시행 당시 종전의 규정에 따른 서식은 이 규칙 시행 이후 3개월 간 이 규칙에 따른 서식과 함께 사용할 수 있다.

부칙 〈제272호, 2016. 10. 28.〉
제1조(시행일) 이 규칙은 공포한 날부터 시행한다.
제2조(시설기준에 관한 경과조치) 이 규칙 시행 당시 법 제18조제1항에 따라 등록한 노래연습장업자는 이 규칙 시행 후 6개월 이내에 별표 1의 개정규정에 따른 시설기준에 적합하도록 하여야 한다.

부칙 〈제298호, 2017. 6. 16.〉
제1조(시행일) 이 규칙은 공포한 날부터 시행한다.
제2조(행정처분 기준에 관한 경과조치) 이 규칙 시행 전의 위반행위

에 대한 행정처분 기준에 관하여는 별표 2 제2호다목의 개정규정에도 불구하고 종전의 규정에 따른다.

부칙 〈제354호, 2019. 6. 4.〉

제1조(시행일) 이 규칙은 공포한 날부터 시행한다.

제2조(행정처분 기준에 관한 경과조치) 이 규칙 시행 전의 위반행위에 대한 행정처분 기준에 관하여는 별표 2 제1호사목의 개정규정에도 불구하고 종전의 규정에 따른다.

부칙 〈제371호, 2019. 10. 7.〉 (어려운 법령용어 정비를 위한 18개 법령의 일부개정에 관한 문화체육관광부령)

이 규칙은 공포한 날부터 시행한다.

부칙 〈제429호, 2020. 12. 31.〉

이 규칙은 2021년 1월 1일부터 시행한다.

부칙 〈제507호, 2023. 3. 28.〉

이 규칙은 2023년 3월 28일부터 시행한다.

부칙 〈제544호, 2024. 3. 29.〉

제1조(시행일) 이 규칙은 공포한 날부터 시행한다.

제2조(행정처분 면제기준에 관한 적용례) 제15조제3항제1호 · 제2호 및 같은 조 제4항의 개정규정은 이 영 시행 전의 위반행위에 대하

여 이 영 시행 당시 그 행정처분 절차가 진행 중인 경우에도 적용한다.

부칙 〈제589호, 2025. 3. 14.〉 (개인정보 침해요인 개선을 위한 게임산업진흥에 관한 법률 시행규칙 등 6개 문화체육관광부령 일부개정령)

이 규칙은 공포한 날부터 시행한다.

별표 / 서식

[별표 1] 노래연습장 시설기준(제8조 관련)

[별표 2] 행정처분의 기준(제15조 관련)

[별지 제1호서식] 음반ㆍ음악영상물제작(배급)업 신고서

[별지 제2호서식] 삭제 〈2011.11.29〉

[별지 제3호서식] 온라인음악서비스제공업 신고서

[별지 제4호서식] 노래연습장업 등록신청서

[별지 제5호서식] 음반ㆍ음악영상물제작업 신고증

[별지 제6호서식] 음반ㆍ음악영상물배급업 신고증

[별지 제7호서식] 온라인음악서비스제공업 신고증

[별지 제8호서식] 노래연습장업 등록증

[별지 제9호서식] 음반ㆍ음악영상물제작업 등의 신고증(등록증) 재교부신청서

[별지 제10호서식] 음반ㆍ음악영상물제작(배급)업 변경신고서

[별지 제11호서식] 온라인음악서비스제공업 변경신고서

[별지 제12호서식] 노래연습장업 변경등록신청서

[별지 제12호의2서식] 행정처분등의 내용 고지 및 가중처분 대상업소 확인서

[별지 제13호서식] 폐업신고서

[별지 제14호서식] 행정처분기록대장

[별지 제15호서식] 관계공무원 출입 및 행정조치사항 기록부

[별지 제16호서식] 음반등의 수거증

[별지 제17호서식] 불법 음반등 단속반원증

대한민국 법령 시리즈 337

음악산업진흥에 관한 법률

(약칭 : 음악산업법)

법령 / 시행령 / 시행규칙

2025년 8월 22일 인쇄　　정가 11,000원
2025년 9월 2일 발행

편　저　편집부
디자인　송영미
발행인　조준형　　http://www.hgbookpub.com
발행처　해광출판사　　E-mail : munbookcokr@naver.com
주　소　부산광역시 중구 해관로 41-1 (중앙동2가)
전화번호　(051) 253-0001　　팩스 (051) 245-1187
등　록　제 2012-000005호

해광출판사에서는 여러분의 소중한 원고와 함께 할 기회를 기다리고 있습니다. 책으로 엮을 원고나 아이디어가 있으신 분들은 이메일 munbookcokr@naver.com로 책에 대한 간단한 개요와 원고 전체 또는 일부를 연락처와 함께 보내주십시오.

ISBN 979-11-6881-874-3

※ 법령 출처 : 법제처 국가법령정보센터
※ 본 도서는 〈공공데이터 제공 및 이용 활성화에 관한 법률〉을 근거로 출판되었습니다.

해광출판사 대한민국 법령 시리즈

001. 선원법
002. 어선법
003. 선박직원법
004. 해사안전기본법
005. 해양환경관리법
006. 선박의 입항 및 출항등에 관한 법률
007. 학교안전사고예방 및 보상에 관한 법률
008. 종합부동산세법
009. 방위사업법
010. 행정규제기본법
011. 식품산업진흥법
012. 위험물안전관리법
013. 화재의 예방 및 안전관리에 관한 법률
014. 도시가스사업법
015. 실내공기질관리법
016. 지방세법
017. 소득세법
018. 법인세법
019. 도선법
020. 선박안전법
021. 선박법
022. 수산업법
023. 고압가스안전관리법
024. 국민연금법
025. 공동주택관리법
026. 화학물질관리법
027. 어선원 및 어선 재해보상보험법
028. 장기등 이식에 관한 법률
029. 자연재해대책법
030. 공유재산 및 물품 관리법
031. 산업입지 및 개발에 관한 법률
032. 부정경쟁방지 및 영업비밀보호에 관한 법률
033. 금융지주회사법
034. 온실가스 배출권의 할당 및 거래에 관한 법률
035. 건축사법
036. 산림문화휴양에 관한 법률
037. 전기사업법
038. 사립학교법
039. 고등교육법
040. 액화석유가스의 안전관리 및 사업법
041. 선박투자회사법
042. 수산자원관리법
043. 위험물선박운송및저장규칙
044. 선박평형수관리법
045. 주택임대차보호법
046. 상가건물임대차보호법
047. 지방공기업법
048. 승강기안전관리법
049. 수목원·정원의 조성 및 진흥에 관한 법률
050. 민법
051. 치료감호 등에 관한 법률
052. 대부업 등의 등록 및 금융이용자 보호에 관한 법률
053. 사료관리법
054. 무형문화재 보전 및 진흥에 관한 법률
055. 총포·도검·화약류 등의 안전관리에 관한 법률
056. 경찰관직무집행법
057. 시설물의 안전 및 유지관리에 관한 특별법
058. 수산생물질병 관리법
059. 소비자기본법
060. 국제선박등록법
061. 정보통신망 이용촉진 및 정보보호 등에 관한 법률
062. 해운법
063. 농수산물 품질관리법
064. 수산업협동조합법
065. 해외건설촉진법
066. 수상레저안전법
067. 공무원재해보상법
068. 수상에서의 수색·구조 등에 관한 법률
069. 어촌어항법
070. 항만법
071. 항만운송사업법
072. 해양경비법
073. 해양사고의 조사 및 심판에 관한 법률
074. 외국인근로자의 고용 등에 관한 법률
075. 중소기업기본법
076. 자유무역지역의 지정 및 운영에 관한 법률
077. 대기환경보전법
078. 소음진동관리법
079. 폐기물관리법
080. 하수도법
081. 물환경보전법
082. 토양환경보전법
083. 환경정책기본법
084. 산업재해보상보험법
085. 관세법
086. 노동조합 및 노동관계조정법
087. 근로기준법
088. 군인연금법
089. 먹는물관리법
090. 기술보증기금법
091. 관광진흥법
092. 감염병의 예방 및 관리에 관한 법률
093. 사법경찰관리의 직무를 수행할 자와 그 직무범위에 관한 법률
094. 수의사법
095. 가정폭력방지 및 피해자보호 등에 관한 법률
096. 환경영향평가법
097. 체육시설의 설치 · 이용에 관한 법률
098. 장사 등에 관한 법률
099. 상호저축은행법
100. 은행법
101. 보호관찰 등에 관한 법률
102. 형법
103. 자동차관리법
104. 형사소송법
105. 전자금융거래법
106. 마약류 불법거래 방지에 관한 특례법
107. 도로법
108. 주세법
109. 변리사법
110. 하천법
111. 중소기업진흥에 관한 법률
112. 발달장애인 권리보장 및 지원에 관한 법률
113. 주택법
114. 장애인복지법
115. 농어업경영체 육성 및 지원에 관한 법률
116. 공인중개사법
117. 건강기능식품에 관한 법률
118. 예비군법
119. 개발제한구역의 지정 및 관리에 관한 특별조치법
120. 국유재산법
121. 주차장법
122. 환경기술 및 환경산업 지원법
123. 대기관리권역의 대기환경개선에 관한 특별법
124. 악취방지법
125. 미세먼지 저감 및 관리에 관한 특별법
126. 가축분뇨의 관리 및 이용에 관한 법률
127. 물의 재이용 촉진 및 지원에 관한 법률
128. 물관리기본법
129. 물관리기술 발전 및 물산업 진흥에 관한 법률
130. 자원의 절약과 재활용촉진에 관한 법률
131. 전기 · 전자제품 및 자동차의 자원순환에 관한 법률
132. 건설폐기물의 재활용촉진에 관한 법률
133. 수도권매립지관리공사의 설립 및 운영 등에 관한 법률
134. 폐기물의 국가 간 이동 및 그 처리에 관한 법률
135. 폐기물처리시설 설치촉진 및 주변지역지원 등에 관한 법률
136. 자원순환기본법
137. 잔류성오염물질 관리법
138. 환경분쟁 조정법

해광출판사 대한민국 법령 시리즈

139. 화학물질의 등록 및 평가 등에 관한 법률
140. 환경오염시설의 통합관리에 관한 법률
141. 환경오염피해 배상책임 및 구제에 관한 법률
142. 중소기업제품 구매촉진 및 판로지원에 관한 법률
143. 환경개선비용 부담법
144. 환경분야 시험·검사 등에 관한 법률
145. 환경친화적 산업구조로의 전환촉진에 관한 법률
146. 환경친화적 자동차의 개발 및 보급 촉진에 관한 법률
147. 환경범죄 등의 단속 및 가중처벌에 관한 법률
148. 생명윤리 및 안전에 관한 법률
149. 장애인차별금지 및 권리구제 등에 관한 법률
150. 부동산투자회사법
151. 정치자금법
152. 과학기술기본법
153. 대리점거래의 공정화에 관한 법률
154. 상속세 및 증여세법
155. 학원의 설립 · 운영 및 과외교습에 관한 법률
156. 해양심층수의 개발 및 관리에 관한 법률
157. 전기용품 및 생활용품 안전관리법
158. 사회기반시설에 대한 민간투자법
159. 공직선거법
160. 정당법
161. 유류오염손해배상 보장법
162. 부정청탁 및 금품등 수수의 금지에 관한 법률
163. 항로표지법
164. 어장관리법
165. 민방위기본법
166. 공직자윤리법
167. 선거관리위원회법
168. 유선 및 도선 사업법
169. 전기공사업법
170. 사회복지사업법
171. 택지개발촉진법
172. 국가공무원법
173. 민간임대주택에 관한 특별법
174. 어음법·수표법
175. 민사집행법
176. 상법
177. 문화예술진흥법
178. 중소기업협동조합법
179. 농업협동조합법
180. 도로교통법
181. 의료사고 피해구제 및 의료분쟁 조정 등에 관한 법률
182. 산림보호법
183. 소년법
184. 동물보호법
185. 건축물관리법
186. 도시개발법
187. 화물자동차 운수사업법
188. 도시 및 주거환경정비법
189. 의료법
190. 국회법
191. 응급의료에 관한 법률
192. 출입국관리법
193. 노인복지법
194. 산림자원의 조성 및 관리에 관한 법률
195. 청소년 보호법
196. 초 · 중등교육법
197. 혁신도시 조성 및 발전에 관한 특별법
198. 경제자유구역의 지정 및 운영에 관한 특별법
199. 공공기관의 운영에 관한 법률
200. 대한민국헌법
201. 국민기초생활 보장법
202. 저작권법
203. 가사소송법
204. 국가유공자 등 예우 및 지원에 관한 법률
205. 국민체육진흥법
206. 전통주 등의 산업진흥에 관한 법률
207. 재난 및 안전관리 기본법
208. 정보통신공사업법
209. 주식회사 등의 외부감사에 관한 법률
210. 공익사업을 위한 토지 등의 취득 및 보상에 관한 법률
211. 개인정보 보호법
212. 국세기본법
213. 에너지이용 합리화법
214. 감정평가 및 감정평가사에 관한 법률
215. 국가인권위원회법
216. 가맹사업거래의 공정화에 관한 법률
217. 보건의료기본법
218. 산업안전보건법
219. 법무사법
220. 교육공무원법
221. 특허법
222. 민사소송법
223. 아동복지법
224. 전파법
225. 하도급거래 공정화에 관한 법률
226. 기초연금법
227. 사립학교교직원 연금법
228. 직업안정법
229. 장애아동 복지지원법
230. 부동산등기법
231. 자동차손해배상 보장법
232. 철도안전법
233. 항공안전법
234. 전자상거래 등에서의 소비자보호에 관한 법률
235. 독점규제 및 공정거래에 관한 법률
236. 상표법
237. 채무자 회생 및 파산에 관한 법률
238. 공무원연금법
239. 축산법
240. 근로복지기본법
241. 민원 처리에 관한 법률
242. 약사법
243. 방문판매 등에 관한 법률
244. 건축기본법
245. 지방세기본법
246. 지방세징수법
247. 지방자치법
248. 도시교통정비 촉진법
249. 공공주택 특별법
250. 국세징수법
251. 공인노무사법
252. 중대재해 처벌 등에 관한 법률
253. 외무공무원법
254. 소방시설공사업법
255. 검역법
256. 공중위생관리법
257. 할부거래에 관한 법률
258. 인터넷 멀티미디어 방송사업법
259. 전기통신사업법
260. 제품안전기본법
261. 철도사업법
262. 어린이제품 안전 특별법
263. 영유아보육법
264. 원자력안전법
265. 보험업법
266. 경비업법
267. 교통안전법
268. 세무사법
269. 관세사법
270. 공인회계사법
271. 지방공무원법
272. 고용정책 기본법
273. 국가경찰과 자치경찰의 조직 및 운영에 관한 법률
274. 협동조합 기본법
275. 재해구호법
276. 환경보건법

해광출판사 대한민국 법령 시리즈

277. 자살예방 및 생명존중문화 조성을 위한 법률
278. 소방산업의 진흥에 관한 법률
279. 소방기본법
280. 비송사건절차법
281. 자연환경보전법
282. 변호사법
283. 기업구조조정투자회사법
284. 전기통신기본법
285. 에너지법
286. 해양생태계의 보전 및 관리에 관한 법률
287. 사회보장기본법
288. 통신비밀보호법
289. 공증인법
290. 물류시설의 개발 및 운영에 관한 법률
291. 청소년활동 진흥법
292. 형의 집행 및 수용자의 처우에 관한 법률
293. 도시공원 및 녹지 등에 관한 법률
294. 태권도 진흥 및 태권도공원 조성 등에 관한 법률
295. 녹색건축물 조성 지원법
296. 우편법
297. 예금자보호법
298. 건설산업기본법
299. 금융회사의 지배구조에 관한 법률
300. 장애인활동 지원에 관한 법률
301. 언론중재 및 피해구제 등에 관한 법률
302. 국가재정법
303. 농지법
304. 게임산업진흥에 관한 법률
305. 정신건강증진 및 정신질환자 복지서비스 지원에 관한 법률
306. 디자인보호법
307. 의료기사 등에 관한 법률
308. 스마트도시 조성 및 산업진흥 등에 관한 법률
309. 내수면어업법
310. 한국주택금융공사법
311. 의료기기법
312. 유통산업발전법
313. 전통시장 및 상점가 육성을 위한 특별법
314. 여신전문금융업법
315. 해외자원개발 사업법
316. 산업교육진흥 및 산학연협력촉진에 관한 법률
317. 빈집 및 소규모주택 정비에 관한 특례법
318. 기업도시개발 특별법
319. 전력기술관리법
320. 국토기본법
321. 지하수법
322. 식품위생법
323. 광업법
324. 호스피스·완화의료 및 임종과정에 있는 환자의 연명의료결정에 관한 법률
325. 주식·사채 등의 전자등록에 관한 법률
326. 표시·광고의 공정화에 관한 법률
327. 골재채취법
328. 국민건강증진법
329. 새마을금고법
330. 여객자동차 운수사업법
331. 마리나항만의 조성 및 관리 등에 관한 법률
332. 한부모가족지원법
333. 국가를 당사자로 하는 계약에 관한 법률
334. 지방자치단체를 당사자로 하는 계약에 관한 법률
335. 축산물 위생관리법
336. 병역법
337. 음악산업진흥에 관한 법률
338. 국가균형발전 특별법
339. 첨단재생의료 및 첨단바이오의약품 안전 및 지원에 관한 법률
340. 공간정보의 구축 및 관리 등에 관한 법률
341. 공유수면 관리 및 매립에 관한 법률
342. 농수산물 유통 및 가격안정에 관한 법률
343. 아시아문화중심도시 조성에 관한 특별법
344. 신탁법
345. 자연공원법
346. 생활화학제품 및 살생물제의 안전관리에 관한 법률
347. 군인사법
348. 국제조세조정에 관한 법률
349. 낙동강수계 물관리 및 주민지원 등에 관한 법률
350. 주민등록법
351. 집합건물의 소유 및 관리에 관한 법률
352. 집단에너지사업법
353. 산림조합법
354. 반도체집적회로의 배치설계에 관한 법률
355. 자본시장과 금융투자업에 관한 법률
356. 담보부사채신탁법
357. 근로자퇴직급여 보장법
358. 국제과학비즈니스벨트 조성 및 지원에 관한 특별법
359. 수도법
360. 식품 등의 표시·광고에 관한 법률
361. 약관의 규제에 관한 법률
362. 인삼산업법
363. 종자산업법
364. 항공사업법
365. 건설기계관리법
366. 군형법
367. 궤도운송법
368. 기술의 이전 및 사업화 촉진에 관한 법률
369. 농수산물의 원산지 표시 등에 관한 법률
370. 담배사업법
371. 석유 및 석유대체연료 사업법
372. 가축전염병 예방법
373. 농어촌정비법
374. 식물신품종 보호법
375. 항공보안법
376. 중소기업창업 지원법
377. 군사법원법
378. 우주개발 진흥법
379. 해저광물자원 개발법
380. 산림복지 진흥에 관한 법률
381. 지능형 로봇 개발 및 보급 촉진법
382. 헌법재판소법
383. 옥외광고물 등의 관리와 옥외광고산업 진흥에 관한 법률
384. 혈액관리법
385. 국제항해선박 등에 대한 해적행위 피해예방에 관한 법률
386. 유료도로법
387. 독립유공자예우에 관한 법률
388. 신에너지 및 재생에너지 개발·이용·보급 촉진법
389. 신용정보의 이용 및 보호에 관한 법률
390. 출판문화산업 진흥법
391. 공항시설법
392. 국민 평생 직업능력 개발법
393. 아동·청소년의 성보호에 관한 법률
394. 방송법쉬
395. 신용보증기금법
396. 화장품법
397. 청소년 기본법
398. 인터넷주소자원에 관한 법률
399. 양곡관리법
400. 도로명주소법
401. 전자문서 및 전자거래 기본법
402. 산업기술의 유출방지 및 보호에 관한 법률
403. 국가기술자격법
404. 양식산업발전법
405. 산업기술혁신 촉진법
406. 새만금사업 추진 및 지원에 관한 특별법
407. 전자정부법
408. 지역 개발 및 지원에 관한 법률
409. 한국농어촌공사 및 농지관리기금법
410. 계량에 관한 법률
411. 기업활동 규제완화에 관한 특별조치법
412. 군에서의 형의 집행 및 군수용자의 처우에 관한 법률

해광출판사 대한민국 법령 시리즈

413. 규제자유특구 및 지역특화발전특구에 관한 규제특례법
414. 금융위원회의 설치 등에 관한 법률
415. 남녀고용평등과 일 · 가정 양립 지원에 관한 법률
416. 농어업인 삶의 질 향상 및 농어촌지역 개발촉진에 관한 특별법
417. 댐건설 · 관리 및 주변지역지원 등에 관한 법률
418. 국가유산수리 등에 관한 법률
419. 법원조직법
420. 보훈보상대상자 지원에 관한 법률
421. 부패방지 및 국민권익위원회의 설치와 운영에 관한 법률
422. 과학기술분야 정부출연연구기관 등의 설립 · 운영 및 육성에 관한 법률
423. 연구개발특구의 육성에 관한 특별법
424. 친환경농어업 육성 및 유기식품 등의 관리 · 지원에 관한 법률
425. 연안관리법
426. 영화 및 비디오물의 진흥에 관한 법률
427. 신용협동조합법
428. 방송통신발전 기본법
429. 범죄피해자 보호법
430. 가축 및 축산물 이력관리에 관한 법률
431. 국가표준기본법
432. 국가통합교통체계효율화법
433. 범죄인 인도법
434. 국가과학기술 경쟁력 강화를 위한 이공계지원 특별법
435. 국제경기대회 지원법
436. 금융혁신지원 특별법
437. 수자원의 조사 · 계획 및 관리에 관한 법률
438. 축산자조금의 조성 및 운용에 관한 법률
439. 소방시설 설치 및 관리에 관한 법률
440. 양성평등기본법
441. 축산계열화사업에 관한 법률
442. 수입식품안전관리 특별법
443. 대외무역법
444. 국가연구개발사업 등의 성과평가 및 성과관리에 관한 법률
445. 무역보험법
446. 기술사법
447. 광산안전법
448. 농약관리법
449. 농업 · 농촌 및 식품산업 기본법
450. 문화산업진흥 기본법
451. 부담금관리 기본법
452. 야생생물 보호 및 관리에 관한 법률
453. 한국은행법
454. 별정우체국법
455. 원양산업발전법
456. 콘텐츠산업 진흥법
457. 한국수출입은행법
458. 외국인투자 촉진법
459. 물류정책기본법
460. 전자서명법
461. 산업발전법
462. 산업표준화법
463. 소프트웨어 진흥법
464. 토지이용규제 기본법
465. 해수욕장의 이용 및 관리에 관한 법률
466. 정보통신 진흥 및 융합 활성화 등에 관한 특별법
467. 정보통신산업 진흥법
468. 지진 · 화산재해대책법
469. 소금산업진흥법
470. 위치정보의 보호 및 이용 등에 관한 법률
471. 외국법자문사법
472. 이러닝(전자학습)산업 발전 및 이러닝 활용 촉진에 관한 법률
473. 암관리법
474. 실용신안법
475. 가족관계의 등록 등에 관한 법률
476. 무인도서의 보전 및 관리에 관한 법률
477. 감사원법
478. 정보보호산업의 진흥에 관한 법률
479. 결혼중개업의 관리에 관한 법률
480. 공익신고자 보호법
481. 박물관 및 미술관 진흥법
482. 낚시 관리 및 육성법
483. 동산 · 채권 등의 담보에 관한 법률
484. 임금채권보장법
485. 국민투표법
486. 농림수산업자 신용보증법
487. 국가채권 관리법
488. 중소기업은행법
489. 식품안전기본법
490. 외국환거래법
491. 발명진흥법
492. 건설기술 진흥법
493. 기후위기 대응을 위한 탄소중립 · 녹색성장 기본법
494. 인체조직안전 및 관리 등에 관한 법률
495. 엔지니어링산업 진흥법
496. 신문 등의 진흥에 관한 법률
497. 식물방역법
498. 석탄산업법
499. 산업융합 촉진법
500. 비료관리법
501. 임업 및 산촌 진흥촉진에 관한 법률
502. 복권 및 복권기금법
503. 대규모유통업에서의 거래 공정화에 관한 법률
504. 뉴스통신 진흥에 관한 법률
505. 지능정보화 기본법
506. 자격기본법
507. 중소기업 기술혁신 촉진법
508. 국가공간정보 기본법
509. 농어업재해대책법
510. 방송광고판매대행 등에 관한 법률
511. 지식재산 기본법
512. 초고층 및 지하연계 복합건축물 재난관리에 관한 특별법
513. 해양 조사와 해양정보 활용에 관한 법률
514. 공간정보산업 진흥법
515. 공공기관의 정보공개에 관한 법률
516. 행정기본법
517. 해상교통안전법
518. 농어업재해보험법
519. 문화유산의 보존 및 활용에 관한 법률
520. 자연유산의 보존 및 활용에 관한 법률
521. 국토의 계획 및 이용에 관한 법률
522. 건축법
523. 국민건강보험법
524. 계엄법
525. 환경친화적 선박의 개발 및 보급 촉진에 관한 법률
526. 해양폐기물 및 해양오염퇴적물 관리법
527. 연안사고 예방에 관한 법률
528. 전기안전관리법
529. 의약품 등의 안전에 관한 규칙
530. 공공보건의료에 관한 법률
531. 군보건의료에 관한 법률
532. 농어촌 등 보건의료를 위한 특별조치법
533. 보호소년 등의 처우에 관한 법률
534. 국가를 당사자로 하는 소송에 관한 법률
535. 간호법
536. 국립묘지의 설치 및 운영에 관한 법률
537. 주류 면허 등에 관한 법률
538. 부가가치세법

*** 해광출판사의 법령 시리즈는 계속 발행 됩니다.**
**** 각 도서의 개정판은 인쇄일을 기준으로 제작 되었습니다.**

「**해광출판사**」와 해광의 임프린트 출판사인
「**도서출판 스토리팜**」, 「**한국데이터시스템**」,
「**도서출판 콘비비오**」, 「**도서출판 독립출판**」은
판매수익금의 일부를 어린이시설 및 문화시설,
장학사업에 지원하고 있습니다.

정가 11,000원

9 791168 818743 03360
ISBN 979-11-6881-874-3